JN057833

元横浜銀行支店長が教える

資金繰りに困らない！
融資を引き出す
60のコツ

堀 俊一

すばる舎

はじめに

　私たち人間には寿命があり、どんなに長生きしても約100年の命です。

　一方、会社には定められた寿命はありません。上手に経営すれば、100年でも200年でも事業を継続することができます。

　新型コロナウイルス、ウクライナ紛争など、会社を取り巻く環境は厳しさを増しています。

　このような環境下で、会社の社長、とりわけ中小企業の社長は、5年後、10年後、そして30年後も会社が持続し、社員とその家族が安心して幸せな生活を営めるよう、まさに命がけで日々、会社を運営しています。

　しかし、残念ながら一部の会社は、「解散」「破産」「夜逃げ」など、カタチこそ違えど、「死」の状況に追い込まれます。

　会社の命脈が尽きる最大の原因は、「資金繰り倒産」です。

　資金繰り倒産とは、手元のお金がなくなって、仕入先に仕入代金を支払えない、社員に給料を支払えない、金融機関に借入金の返済ができない、といった状況に陥って倒産することです。

　自己紹介が遅れました。私は、堀俊一と申します。

　1984年（昭和59年）4月に大学を卒業後、横浜銀行に入行し、2015年（平成27年）3月までの31年間、横浜銀行に勤務し、本部の部長や大型店の支店長などを務めました。

その後に縁あって、共同冷蔵株式会社という中小企業に入社し、現在は社長として、中小企業の経営にあたっています。

　私は、銀行員と中小企業の社長、つまりお金を貸す側とお金を借りる側の両方を経験し、さまざまな知識やノウハウを身につけました。

　これらの知識やノウハウは、お金を借りる側である中小企業の社長と、お金を貸す側である金融機関のみなさんの双方にとってお役に立つものと考え、本書を執筆しました。

▶　中小企業の社長にお伝えしたいこと

　まず、中小企業の社長に向けてお話しします。

　私は銀行員時代、数多くの中小企業の社長と面談しました。

　面談を通じてつくづく感じていたのは、その会社の属する業界の知識やノウハウの面では、社長に決して敵わないということです。

「業種別審査辞典」などでにわか勉強したところで、その業界一筋○○年、という社長に敵うはずがありません。

　しかし、そんな社長でも、社業に集中できない、先行きに自信が持てない、という状況に陥ることがあります。

　その最大の原因は「資金繰りの悩み」です。

　やりたいこと、やらなければならないことは明確なのに、目の前の資金繰りが気になって集中できないという状況です。

　私は、社長の業界においては「ずぶの素人」ですが、融資や企業会計の世界では「プロフェッショナル」であると自負しています。

　本書を通じて、社長が融資や企業会計にかかわる知識、ノウハウを身につけ、資金繰りに憂いのない状態で、会社を正しい方向に力強く進めてい

ただくことを何よりも願っています。

　執筆にあたっては、次の2点を心掛けました。

　1点目は、多忙な中小企業の社長でもサクサク読めるよう、わかりやすさを最優先しました。

　中小企業の社長は、顧客開拓、研究開発、人事管理など、売上と利益を上げるため、また優秀な人材を確保するために、多忙な日々を送っています。

　多忙な社長が、流れるように読み進め、会社の成長と発展のために必要な知識やノウハウをサクッと身につけていただけたら幸いです。

　2点目は、知識やノウハウを網羅的に解説するのではなく、社長として絶対に押さえておきたい「幹」の部分に絞っています。

　「枝」や「葉」の部分は顧問税理士や経理責任者に任せておけばよいのです。社長は、大切な「幹」の部分をしっかりと掌握してください。

▶　金融機関のみなさんにお伝えしたいこと

　次に、金融機関のみなさんに向けてお話しします。

　私は満31年間、横浜銀行に勤務しました。

　入行した1984年（昭和59年）、預金は規制金利で、普通預金金利は年1.5％、1年定期預金金利は年5.5％、一方の貸出金利は8％程度だったと記憶しています。

　また、投資信託や個人年金保険などの取扱いはありませんでした。

　それが今や、利ざやの縮小などで金融機関の経営環境は、私が入行した頃とは比較にならないほど厳しくなっており、金融機関は現在、「効率化」が至上命題となっています。

金融機関の現場は、「人員は削減されるが業務量は減らない」という状況で、必然的に一人あたりの業務量、業務負担は増加の一途です。

　このように多忙なみなさんが、企業融資と企業会計を要領よく、効率的に学べるよう、「<u>著者自身が若い頃に出会いたかった企業融資と企業会計の教科書</u>」というコンセプトで本書を執筆しました。

「財務分析の急所がわかった」
「貸借対照表と損益計算書の関連がよくわかった」
「公式で丸暗記していた損益分岐点分析の本質的な意味、活用方法が理解できた」

　これらのように、新たな発見が数多くあることを願っています。

　また、本書は中小企業の社長に向けた本でもあります。

　借りる立場の目線を意識しながら読み進めれば、金融機関のみなさんが中小企業を支援するうえで、たくさんの「気づき」を得られるのではないかと期待しています。

　中小企業の社長と金融機関のみなさんの双方が、相互に理解を深め、結果として中小企業が融資を円滑に受けることができ、会社が資金繰りの憂いなく、力強く前進していくことを強く願っています。

※本書の内容は、
　2022年（令和4年）11月30日時点の法令等に準拠しています。
　また、本書における見解は、著者個人の見解であり、
　①個別の会計処理や経営方針に対して何ら保証するものではないこと
　②実在の金融機関における融資審査基準とは無関係であること
　を念のためお断り申し上げます。

CONTENTS

Chapter 3

社長が知っておきたい融資の知識

Chapter 4

社長が知っておきたい会計の知識

Chapter 5

金融機関の融資審査のポイント

Chapter 6

経営実態の定期点検と経営戦略の立案

企画協力 ……………………… 松尾 昭仁（ネクストサービス株式会社）
ブックデザイン …………… 伊藤 寛

融資は
借りられるだけ
借りる

Chapter **1**

01 資金繰りに憂いのない会社をつくる

▶ ガソリンのエンプティーランプがついた状態で自動車を運転し続ける不安

　会社を経営していれば、良い時も悪い時もあります。

　多くの社長が「お金が足りなくて支払いができないかもしれない……」という恐怖を、一度や二度は味わったことがあると思います。

　お金の心配ができると、起きている間は常にお金のことが頭から離れない、床についてもなかなか眠れない、真夜中に冷や汗をかいて飛び起きてしまう……といった状況に陥ってしまいます。

　そのような状況では、新事業への進出や不採算事業の撤退などを決断する場面で、正しい判断を下すことが困難になります。

　また、目先の売上と利益を追いかけて薄利多売になってしまったり、信用に不安のある相手に売って回収不能が発生したりと、悪循環に陥ってしまいます。

　一方、遅れていた大口の売掛金が入金されたり、申し込んでいた融資のお金が入金されたりして手元のお金が増えると、社長の顔色は明るくなります。

　社長につられて会社全体が明るくなり、身の丈に合った設備投資もできるようになり、会社がうまく回り始めます。社長の心に余裕が生じることで、会社の業績にも好循環が生まれていきます。

　ギリギリの資金繰りで経営するのは、ガソリンのエンプティーランプがついた状態で自動車を運転し続けるようなものです。

　手元のお金がギリギリの状態で経営するのではなく、手元にたっぷりお金を持っておく。そのために金融機関からできる限りの融資を受けること

を強くお勧めします。

　まずは、「お金が足りなくなりそうだから借りる」ではなく、「お金のことで悩まなくていいように借りる」という考え方に変えてみてください。

　金融機関からの融資を借りられる時に目いっぱい借りて、手元資金を増やしておけば、不測の事態に陥っても会社の経営は揺るぎません。

　手元資金がたくさんあれば、経営者の心にゆとりができます。

　また、借りたお金はすぐに全部を使う義務もありません。

　借り入れた金融機関の預金口座に入れておき、安全経営の「お守り」にしておいてもよいのです。

▶ 「手元資金100万円の無借金の会社」と、「手元資金9000万円で借金1億円の会社」、どちらが安全？

　手元資金100万円の無借金の会社と、手元資金9000万円で借金1億円の会社があったとして、みなさんはどちらの会社が安全だと思いますか？

　生活する一個人の肌感覚では、実生活で触れることのない「億」という金額単位の借金を抱える会社のほうに大きなリスクを感じ、「無借金」という言葉の響きに安心感を抱くと思います。

　あるいは、手元のお金9000万円を全額、借金の返済に充当したとしても、借金は1000万円残るので、やはり無借金の会社のほうが安全だと考えるかもしれません。

　生活者目線のこの肌感覚は、とても大事です。

　しかし、現実のビジネスの世界では逆です。

　100万円という金額は、事業を営んでいれば、あっという間になくなってしまう金額です。手元資金が100万円では、会社としては怖くて何もできません。

　一方、借金が1億円あっても手元にお金が9000万円あれば、事業を発展・拡大させる方策はたくさん考えられます。

　<u>借金が1億円あっても、現金9000万円を手元に持っているほうが断然強い</u>です。

会社は永続することが目的です。借金も継続していけばよいのです。

▶ 金融機関は「晴れの日に傘を貸し、雨の日に傘を貸さない?」

「晴れの日に傘を貸し、雨の日に傘を貸さない」という言葉を聞いたことがありますか? これは、金融機関の融資の姿勢を揶揄する言葉です。

「傘」=「お金」、「晴れの日」=「業績が良い時」、「雨の日」=「業績が悪い時」のことを例えています。

つまり、「業績が良く、お金がたっぷりある時にはお金を借りてくれとお願いするのに、業績が悪くなってお金が必要になった時にはお金を貸さない」という金融機関の融資姿勢を皮肉ったものです。

この言葉に対する私の見解は、「半分は正解」です。

金融機関の最大の収益源は「融資」です。金融機関は"返済に懸念のない取引先にどんどん融資したい"というのが本音で、晴れの日に傘を貸したいのは事実です。

一方、雨の日には傘を貸さないのかというと、一概にそうとは言い切れません。

金融機関は数が多く、競合が激しいので、雨の日に傘を貸さないという風評が立つと、その金融機関は中長期的には立ち行かなくなります。

ですから、今は雨でも、いずれ晴れになる可能性があれば傘を貸す、というのが実態です。

しかし、それを知ったからといって安心してはいけません。

なぜなら、天気の「雨」はいずれ必ず止みますが、業績の「雨」はずっと止まない(=倒産する)可能性があるので、100%融資を受けられるわけではないからです。

また、「雨」の時よりも「晴れ」の時のほうが融資をスムーズに受けやすいのも事実です。

では、中小企業はどうすればいいか?

私は、「晴れた日に大きな傘を借り、雨が降ったらその傘で雨をしのぎ、晴れたらまた大きな傘を借りる」ことをお勧めします。

「会社が借りたい時にいつでも借りられる」と考えるのは、楽観的すぎます。金融機関が貸したいと思っている時に、借りられるだけ借りましょう。

晴れの日に	傘を貸し	雨の日に	傘を貸さない
↓	↓	↓	↓
業績が良く お金がたっぷり ある時に	お金を貸し	業績が悪く お金が 必要な時に	お金を貸さない

↓ それならば

晴れた日に	大きな傘を借り	雨が降ったら その傘で 雨をしのぎ	晴れたら また大きな傘を 借りる
↓	↓	↓	↓
業績が良く お金がたっぷり ある時に	必要がなくても たっぷり お金を借り	業績が 悪くなったら 借りたお金で 耐えしのぎ	業績が回復したら またたっぷり お金を借りる

02 資金繰り表を作らなくてよい 会社を目指す

▶ 「資金繰り表」と「キャッシュフロー計算書」

　融資を受けるうえで、まず「資金繰り表」「キャッシュフロー計算書」という用語の説明から始めます。

　どちらも「お金」の動きを説明する帳票です。

・資金繰り表 ……………………… 将来のお金の流れを予想するもの
・キャッシュフロー計算書 …… 会社の過去の諸活動の結果としての
　　　　　　　　　　　　　　　　お金の増減を説明するもの

　資金繰り表は、法的には作成を義務付けられていません。

　キャッシュフロー計算書は、大企業には作成が義務付けられていますが、中小企業には義務付けられていません。

　キャッシュフロー計算書の詳細については、185ページ（項目43）から解説しますので、ここでは資金繰り表についてお伝えします。

▶ 楽観的な資金繰り表は役立たず

「安定経営のため、また黒字倒産を防ぐために、資金繰り表の作成は必須である」

　このようによく言われていますが、私個人の見解は異なります。

　<u>資金繰り表で入出金を管理しなくてもいいように、金融機関からできる限りの融資を受け、手元にたっぷりお金を持っておく</u>ことを強くお勧めします。

　資金繰りをギリギリで回しているのであれば、確かに資金繰り表を作成する必要があります。しかし、手元にお金が常にたっぷりあれば、時間を

かけて資金繰り表を作成する必要はありません。

　そもそも金融機関が定期的、あるいは融資審査時に資金繰り表の提出を求めるのは、手元資金に余裕のない会社だけです。

　また、資金繰りが悪化すると、自社に都合の良い楽観的な計画を立て、結果的に計画どおりの入金がないという事象が発生します。

　楽観的な資金繰り表は、役に立ちません。

　堅実な資金繰り表を作成するには「収入は少なめ、支出は多め」「収入は遅め、支出は早め」に計上する必要があります。

　しかし実際には、その逆の「収入は多め、支出は少なめ」「収入は早め、支出は遅め」に計画された資金繰り表が多く、予想どおりにならずに金融機関との信頼関係が壊れてしまうことすらあります。

　次に、費用対効果についてです。

　資金繰り表は、販売先ごとの売上見込や、販売先ごとの入金条件・仕入先ごとの支払条件などを熟知していなければ作成できません。

　作成するのであれば、社長自身または経理のベテランが、ある程度の時間をかける必要があります。

　具体的に一度、資金繰り表を作成するのに必要な会社全体の「人件費」を算出してみてください。

　そして、出た数字と融資を受けた場合の「支払利息」とを比較してみてください。

　融資を受けたほうが得になると思います。

03 「黒字倒産」を回避する

▶ 黒字なのになぜ倒産するのか

「黒字倒産」とは、商品が売れて帳簿上は利益が出ているにもかかわらず、支払いに必要なお金が不足し、倒産してしまうことを言います。

黒字倒産はなぜ起こるのか？　帳簿上のお金と現実のお金の動きの間にタイムラグが生じるからです。

帳簿上で会社が儲かっていても、売上代金が入金されるまで日数がかかってしまい、その結果、資金繰りが行き詰まるのです。

帳簿上は、売上が成約した時点で売上高が計上されますが、売上代金が実際に入金されるのには、1〜3か月ほどの時間がかかるのが一般的です。

もしその間に、仕入代金の支払いなど、どうしても支払わなければならない取引があり、そのためのお金がなければ、事業は続けられません。

売上があり、帳簿上は利益が上がっていても、手元のお金が足りなければ倒産してしまいます。

▶ 黒字倒産の兆候

黒字倒産の兆候としては、売掛金や在庫の増加があります。

黒字倒産は、帳簿上の売上計上と実際の代金回収のタイミングのズレが原因です。

通常、このズレは数か月で解消されます。しかし、売上代金の回収の見込みが薄いのに売上をつくって、売上代金を回収できないと、黒字倒産の可能性は高まります。

また、黒字倒産の別の要因として、費用（売上原価）に計上するのは実際に売れた在庫分の原価のみ、という会計の仕組みが挙げられます。

在庫をたくさん仕入れても、売れるまでは費用（売上原価）に計上され

ることはありません。

　そうすると、「売れていない在庫分については、費用（売上原価）に計上されないため、帳簿上の利益は黒字となりますが、仕入代金を支払うお金が足りない」ということになります。

　このように、**売掛金や在庫が増えている場合は注意が必要**です。

　黒字倒産を回避するには、融資を積極的に受けて手元のお金をたっぷり確保することと、売掛金や在庫等が不良化していないかを定期的に点検することが肝要です。

　売掛金や在庫等の定期点検については、258ページからの「項目57」で解説します。

▶ 赤字でも倒産しないのか

　黒字倒産とは逆の話をします。

　会社が存続するには、仕入代金の支払い、社員への給与の支払い、金融機関への借金の返済など、さまざまな支払いを確実に行うことが必要です。

　会社は、これらを支払うお金があれば、たとえ帳簿上は赤字であっても、倒産という事態には陥りません。

　会社が存続していくためには、常に外部にお金を払わなければなりません。

　会社内にお金がなくなり、外部にお金を支払えなくなると、会社は経営を継続できなくなり、倒産となります。

　逆に言えば、**外部に支払うお金があれば、倒産という事態には陥りません**。

04 個人は「無借金」、 会社は「実質無借金」が 理想の姿

▶ 個人と会社では借金の捉え方が異なる

　個人の消費者としての借金と、会社経営における借金は何が違うので しょうか？

　その違いを一言で表すと「借金が新たなお金を生み出すかどうか」です。

　個人が住宅ローンで家を買っても、その家はお金を生み出しませんし、 自動車ローンでクルマを買っても、そのクルマはお金を生み出しません。

　ですから、個人の場合は、ボーナスや退職金などが支給され、手元のお 金に余裕ができれば、借金を繰上げ返済して「無借金」を目指すのはよい ことです。

　一方で会社の借金は、原料を仕入れる、工場を建設する、店舗を改装す るなど、すべて新たなお金を生み出すために充当されます。

　新たなお金を生み出したら、借金の約定返済分は返済しますが、残りの お金は新たなお金を生み出し続けるために使うか、貯めておくべきです。

　会社の借金は、手元のお金に余裕ができても、繰上げ返済してはいけま せん。

　新たなお金を生み出し続けるために、つまり会社を存続させるために、 新たな投資や借金をし続けるのです。

　中小企業の社長の中には、金融機関からの事業資金融資を住宅ローンや 自動車ローンなどと同じ感覚で捉えて、借金は少ないほうがよいと考え、 繰上げ返済をしてでも「無借金経営」を目指す方がいます。

　無理に無借金経営を目指すと、会社の日々の資金繰りをギリギリのお金 で回すことになり、いよいよお金が足りなくなってから金融機関に融資を

申し込むケースが多いです。

しかし、このような綱渡り経営をしてはいけません。

ギリギリでも融資が出れば「綱渡り経営」ですが、審査の時間が足りなかったり、業績が悪くて審査が通らなければ、綱から転落して「倒産」してしまいます。

▶ 目指すは実質無借金経営

会社の経営が安定してくると、手元のお金にも余裕が出てきます。

そのような状況においては、<u>繰上げ返済による無借金経営ではなく、「手元資金 ＞ 借入金」とする実質無借金経営</u>を目指しましょう。

会社の実績が好調で、お金に余裕が生じたからといって、そこでせっかく借りた融資を繰上げ返済してはいけません。

「実質無借金経営」の良さについて説明します。

まず何と言っても、実質無借金経営は自由に使うことのできるお金が常にたっぷりとある点です。

会社にたっぷりお金があれば、不測の事態に強く、社長の心にもゆとりができます。

また、大規模な設備投資などで新たに大きな融資が必要な場合に、金融機関から融資を受けやすくなります。

金融機関は、手元資金が潤沢な会社を高く評価しています。

そして金融機関との信頼関係が高まれば、<u>たとえ特定の使い道がなくても「手元資金を増やす」という目的で、金融機関から「長期運転資金」という資金使途で融資を受けることができるようになります。</u>

お金の余裕は心の余裕です。たっぷりとお金を貯め込んでください。

▶ 借金と上手に付き合って会社を発展させていく

「個人がたくさんの友人から多額の借金をしている」と聞くと、お金にだらしない人、信用ならない人、という印象を抱きます。これは正しい感覚です。

消費生活のために安易に借金するべきではありませんし、借金しなければ買えないような高価な買い物は、我慢することも大切です。

　しかし、繰り返しお伝えしているとおり、会社経営における借金は消費者としての借金とはまったく別のものです。

　会社経営における借金は、「新たなお金を生み出す元手」です。

　借金と返済を繰り返しながら、借金とうまく付き合って、安定的に会社を発展させていくという意識を持ってください。

　多くの金融機関から多額の借入をしている会社は、「非常に信用できる会社、金融機関がぜひ取引したい会社」なのです。

　金融機関から事業融資を受けているという状態は、会社が事業活動を行っていくうえで、「当たり前の状態」です。

　事業で稼ぎ出したお金が融資の返済額を上回ると、お金の量を減らさずに融資の残高を減らしていくことができます。

　一方、事業で稼ぎ出したお金が融資の返済額を下回ると、返済が進むにつれてお金の量が減っていくことになります。

　そうなることが予想される場合は、余裕を持って新たな借入を起こし、手元のお金をたっぷりと確保してください。

05 借りられるだけ借りると言うが、いくらまで借りるのか

▶ 支払利息は安心経営のための保険料

「必要以上に融資を受けても、支払利息が多くなってもったいない。融資はできるだけ少ないほうがよい」

この考え方は正しいでしょうか？

仮に、金融機関が、5000万円、金利年2%、期間5年（60回均等返済）の融資を勧めてきたとします。

ザックリした計算ですが、年間の支払利息額は下記のとおりです。

	支払利息額	ザックリ計算
1年目	100万円	5000万円×2%＝100万円
2年目	80万円	4000万円×2%＝80万円
3年目	60万円	3000万円×2%＝60万円
4年目	40万円	2000万円×2%＝40万円
5年目	20万円	1000万円×2%＝20万円

金利は現在の金利水準で見て、かなり高い「2%」にしています。すると、1年目の支払利息は100万円です。

100万円という費用を支払うことの見返りに、5000万円という手元資金の安心感を得ることができるのです。

手元資金5000万円という安心感の対価として、年間100万円、月に約8.3万円の支出を高いと思いますか？　あるいは、この5000万円を使って年間100万円の利益を生み出すことは困難ですか？

ほとんどの社長は、資金繰りの安心感を選ぶでしょう。

<u>支払利息は「手元にお金がたっぷりある」という安心感の対価として支</u>

払うものです。融資を受けるか受けないかについては、冷静かつ合理的に判断しましょう。

▶ 借入額の上限目安

・資金繰りの憂いなく、会社を運営するために、金融機関が貸したい時に借りられるだけ借りよう！
・借金は怖くない！ 支払利息だって安いものだ！

と、積極的に借金することをここまでお勧めしてきました。

そうは言っても、無限に借りる必要はありませんし、そもそも金融機関側も無限に貸してくれるわけではありません。

ここでは一旦、金融機関側の審査基準や会社の財務内容を棚に上げて、会社の社長にとって「この程度のお金があれば安心だ」という「安心基準」で、会社都合の借入額の上限目安を考えます。

指標となるのは、「年間の費用」と「支払利息および経常利益」です。

まず「年間の費用」ですが、「1年間の「売上原価」「販売管理費」「営業外費用」という3つの費用合計から、減価償却費を差し引いたお金が手元に貯まるまでは借りる」です。

これをザックリ言い換えると、「仮に1年間、収入がゼロでも、諸費用の支払いが滞らないほどのお金が手元に満ちるまでは借りる」です。

次に、「支払利息および経常利益」ですが、「支払利息（営業外費用）によって、経常利益の段階で赤字にならない範囲で借りる」です。

営業利益の段階で計上できた黒字のすべてを支払利息が食いつぶし、経常利益の段階で赤字になるという財務体質が慢性化すると、自己資本が毀損し、いずれ債務超過に陥り、会社は永続することが困難になります。

以上、売上高の季節変動の大小や減価償却費の多寡など、会社ごとに違いがありますので、すべての会社を一律に論じることはできませんが、「年間の費用」と「支払利息および経常利益」をもとに、借入額の上限の目安をイメージしてください。

06 借入は手段、真の目的は「会社の永続」

▶ 借入の目的は永続可能な会社になること

ここまで一貫して、融資は借りられるだけ借りたほうがよいことを解説してきました。

しかし、借りられるだけ借りて手元のお金に余裕ができたことによって、社長の経営に対する緊張感が緩んでしまったら元も子もありません。

借りられるだけ借りるのは、手段に過ぎません。

真の目的は、社長が資金繰りの心配から解放され、「社長本来の仕事」に専念し、確実に利益が出る「永続可能な会社」にすることです。

資金繰りが厳しい会社の社長の中には、手元資金を厚くして一安心したいと融資を申し込み、融資が出たらホッとして、また日常に戻ってしまう方がいます。

「融資を受けること」自体がゴール、目的になってしまっているのです。

しかし、いくらお金を借りたとしても、会社の体質そのものが売上を上げ、利益を出せるようにならなければ、いつまでたっても経営がラクになることはなく、いずれ立ち行かなくなります。

「融資を受けること」はゴールではなく、あくまでも確実に利益を出せる「永続可能な会社」に改善していくスタート地点です。

▶ 会社がこの世に存在する意義

本書の「はじめに」で触れましたが、私たち人間の寿命は有限ですが、会社の寿命は上手に経営すれば「無限」です。

寿命が「無限」ということは、いつまでも「死」を迎えない、つまり倒産しないということです。

会社が倒産しないためには、支払いに困らないだけのお金が手元にあることが必要ですが、お金の確保を借金に頼るだけでは、いずれ破綻します。

会社を永続させるために必要なのは、会社の活動の結果得られる「利益」であり、利益の源泉は自社の商品やサービスを適正価格で買ってくれる顧客です。自社の商品・サービスを必要としてくれる、ないと困ると言ってくれる顧客が存在し続けなければいけません。

言い換えれば、<u>自社がこの世の中に存在する意義を持ち続けることこそが、会社が永続する条件</u>です。

▶ 経営理念の策定と浸透

自社がこの世の中に存在する意義を言葉で表したものが、「経営理念」です。

すでに策定している会社も多いと思いますが、まだの会社はぜひ策定してください。

経営理念は、策定することよりも社内の隅々に浸透させることのほうが重要であり、困難でもあります。

経営理念を浸透させるのに最も効果的な方法は、<u>会社のあらゆる意思決定を経営理念に基づいて行い、その都度、経営理念に基づいた意思決定であることを社員に伝えること</u>です。

▶ 共同冷蔵㈱の経営理念

本チャプターの結びに、私が社長を務める共同冷蔵㈱の経営理念を示します。

まだ経営理念を作っていない会社、改定を検討している会社があれば、ぜひ参考にしてみてください。

共同冷蔵㈱の経営理念は、「私達の使命」と、使命を全うするための行動のルールである、「私達の行動規範」から成ります。

共同冷蔵㈱の経営理念

【私達の使命】
神奈川県西部地域において、質の高い冷蔵・冷凍サービスを、
安定的に提供することによって、社会に貢献してまいります。

【私達の行動規範】
1. 安全第一
   作業の安全を最優先します。
2. 正確・丁寧
   お客さまの注文を正確・丁寧に実行します。
3. 正直・誠実
   万一ミスを犯した際などは、正直・誠実に対応します。
4. チームワーク
   私たちの仕事は共同作業。
   仲間を信頼しチームワークを大切にします。
5. 整理整頓
   身のまわりを整理整頓し、仕事を効率化します。

半沢直樹の世界は本当？
泣く子も黙る検査部

金融機関の支店には、約1年に一度、本部の抜き打ち「検査」が入ります。正しい事務処理ができているかを3〜4日かけて検査します。この検査で悪い評価を受けてしまうと、支店長の出世にも響いてしまうので、支店にとっては最大のイベントです。

検査の初日……。早朝、検査部員（以下「検査官」という）が待ち伏せています。第一関門は「私物カバン」です。無作為に何人かの社員の私物カバンを調べます。自宅に持ち帰って作成した融資の審査書類が入っていたら「顧客情報持ち出し」の重要指摘、お客さまからお預かりした現物（通帳や払戻請求書など）が入っていたら重要指摘です。

次に、金庫を開けます。金庫の中には、現金や金の延べ棒がぎっしり入っているわけではありません。すべての壁にキャビネットやラックが備え付けられ、契約書などの重要書類が保管されています。

金庫の中のキャビネットでも、鍵が締まっていなければ重要指摘です。鍵穴のいくつかには検査部の封印シールが貼られ、検査官の許可がなければ開けることができません。お客さまからお預かりした通帳や払戻請求書などが入った移動式キャビネットは「現物キャビ」と呼ばれ、検査官の許可を得て開けた後、「現物の突合」が始まります。現物と保管記録を突合し、保管記録があるのに現物がない場合／現物があるのに保管記録がない場合は、重要指摘です。

各自の机の鍵も、その日は勝手に開けることはできません。検査官の許可を得てから開けます。お客さまからお預かりした現物や、現金が出てきたら重要指摘です。現金は1円でもアウト、また「消せるボールペン」が出てきても重要指摘です。「消せるボールペン」は「改ざん可能な筆記用具」と見なされ、使用・保管を固く禁じられているからです

その後も、検査官が前回検査日以降の帳票類を丹念に精査し、次々と付せんが貼られ、弁明のできるものは弁明し、付せんを剥がしてもらいます。

こんな世界で揉まれるので、金融機関の人間は、外の世界から「神経質な臆病者」「攻めより守りを重視する堅物」のように見られるのでしょうか。

金融機関との
上手な
付き合い方

Chapter 2

07 金融機関と取引を開始する時は、税理士等からの紹介が必須

▶ アポイントなしに金融機関の窓口に行かない

　金融機関と取引する際、特に初めて融資を申し込む際には、アポイントなしで窓口に行かないでください。

　金融機関の出身者として、率直にお伝えします。

　金融機関は、アポイントなしで窓口に来られるお客さまを、警戒すべきお客さまとして対応します。

「ほかの金融機関で断られて、ダメ元でうちに来たのだろう」と考えるのです。

　では、どうやって取引すればよいのかというと、まずは税理士事務所からの紹介が有効です。

　金融機関にとって、税理士事務所から顧問先企業を紹介してもらうというのはとても安心です。

　税理士であれば、顧問先企業の業績を把握しているし、社長の人柄も知っていますので、金融機関は安心して応接します。

　アポイントなしで窓口に行くのではなく、税理士から金融機関に連絡してもらい、指定された担当者に電話をかけて、日時を約束してから訪問してください。

　その際に、税理士が同行訪問してくれるのであれば、よりよいです。

　そのほかの方法としては、商工会議所やロータリークラブ、ライオンズクラブなどの活動で知り合った経営者仲間からの紹介も効果的です。

　特に、取引したいと考えている金融機関をメインバンクとしている会社で、自分自身が懇意にしている社長であれば最高です。

　この場合のアポイントの方法等は、税理士の場合と同様になります。

➤ 金融機関を特別扱いする必要はない

　ここまで、金融機関を「特別に気を遣う相手」のように説明しましたが、気を遣う必要があるのは「ファーストコンタクト」の時だけです。

　その後は、金融機関との付き合いを特別扱いする必要はありませんし、難しく考える必要もありません。

　金融機関は、「お金」を商品とする取引先であり、そういう意味では販売先、仕入先と何ら変わらないのです。

　社長方は大切な販売先、仕入先と現在どのように付き合っていますか。

　約束を守る、自社の利益だけでなくお互いの利益を考えて行動する、貸しもあれば借りもある……など、お互いに信頼関係の構築に努力し、長い時間をかけて信頼の絆を強化していることと思います。

　金融機関との取引も、それとまったく同じです。

　金融機関にとって融資は最大の収益源であり、絶えず借りてくれる会社を探しています。

　金融機関に対して苦手意識を持たずに、<u>会社にとっての「一取引先」として付き合ってください。</u>

08 金融機関は新規融資先の開拓に 調査会社のデータを使っている

▶ 調査会社に登録してもらう

　繰り返し申し上げますが、金融機関にとって融資は最大の収益源であり、常にお金を借りてくれる会社を探しています。

　私が若い頃は、新しい融資先を開拓するために「店周ローラー活動」と称し、事前調査は一切せずに、支店の周りのすべての会社を約束なしで訪問していました。

　断られても、断られても、ひたすらドアをノックし、名刺を渡す……。

　根性も度胸も付いたと思いますが、振り返ってみるとあまり効率的な営業活動とは言えなかったと思います。

　現在では、担当地域における「未取引先」の会社情報は、「帝国データバンク」や「東京商工リサーチ」などの民間の調査会社のデータで調べてから、新しい融資先を開拓しています。

　つまり、調査会社にデータが登録されていない会社に、金融機関が飛び込み営業で来ることはまずありません。

　ですから、創業して間もない会社、まだ事業融資を借りたことのない会社、新たに融資取引金融機関を増やそうとしている会社で、自社がまだ登録されていないと思われる場合は、調査会社に登録することをお勧めします。

　登録するためには、調査会社にあなたの会社を調査してもらう必要がありますが、自社から調査会社に依頼することはできません。

　どこかの会社が、「あなたの会社を調査してほしい」と調査会社に依頼する必要があります。

　その"どこかの会社"とは、あなたの会社との新規取引を検討していて、

あなたの会社の信用状態を知りたい会社の場合もありますし、あなたの会社への融資を検討しているが、いまだにあなたの会社の決算書を入手できていない金融機関かもしれません。

いずれにしても、あなたの会社を調査したい会社があり、その会社が調査会社に依頼することによって、初めてあなたの会社は調査されます。

ですので、調査会社に登録したい時は、すでにあなたの会社と取引があって、信頼関係ができている取引先の社長に調査依頼をかけるようお願いしてください。

▶ 調査会社から高い評点を得る方法

調査会社は依頼がかかると、対象の会社に調査員を派遣します。

調査員との面談の際は、社長と経理責任者の2名で対応してください。

ヒアリングの項目は、「業歴」「株主構成」「最近時の業績」「今後の経営方針」などです。

面談の結果、あなたの会社に「評点」がつけられます。評点は当然高いほどよいです。

ここでは、高い評点を勝ち取る方法をお伝えします。

「業歴」「株主構成」「最近時の業績」は今さら変えられませんので、面談時の心掛け次第で評点を上げられるポイントは3点です。

① 情報開示

1点目は、情報開示です。

直近の決算書の写しなど、**調査員が依頼する書類については積極的に提出してください。**

民間の調査会社の調査なので、調査自体を断ることもできますし、決算書を提出する義務もありません。

しかし、高い評点を得るためには決算書の提出が必須です。

口頭で読み上げたり、あいまいな記憶で数字を伝えるくらいなら、調査自体を断ったほうがマシです。

② 社長のバイタリティー

2点目は、社長のバイタリティーです。

調査員は社長の人柄や、経営に対する自信・関与度合いを注意深く観察しています。

細かい数字の説明は経理責任者に任せればよいですが、前期と当期の業績の変化などの急所は、社長自らの言葉で説明してください。

ただし、ここで無理する必要はありません。いつものあなたらしい自信と活力を自然に出して、伝えればよいのです。

③ 将来の経営方針

3点目は、将来の経営方針です。

「経営課題は見当たらない。当期も今までどおり淡々とやるだけ」という中小企業は、おそらく一社もないでしょう。

決算内容はまずまずの会社でも、社長の頭の中は改善項目でいっぱいのはずです。

ましてや、直近期で赤字を計上した会社であればなおさらです。

現状を良しとせず、さらなる発展のための将来戦略、改善施策について、社長の考えをしっかり整理して伝えてください。

なお、調査会社は初回は対面で調査しますが、その後は書面（郵便でのやり取り）での調査が中心となります。

ですから、初回の対面調査の際は、好印象を与えるよう最善の努力をしてみてください。

09 日本政策金融公庫 「国民生活事業」の特徴を知る

▶ 日本政策金融公庫「国民生活事業」は、 創業期の会社や小規模な会社の強い味方

そもそも、金融機関には、「政府系」と「民間」があります。

ここでは、「政府系」の金融機関のうち、創業期の会社や小規模な会社の強い味方として、日本政策金融公庫の国民生活事業を解説します。

日本政策金融公庫は、2008年（平成20年）10月に、当時の国民生活金融公庫、中小企業金融公庫、農林漁業金融公庫などが統合して発足しました。

2008年（平成20年）10月に統合して発足		前身
日本政策金融公庫	国民生活事業	国民生活金融公庫 （略称：国金〈こっきん〉）
	中小企業事業	中小企業金融公庫 （略称：中小公庫〈ちゅうしょうこうこ〉）
	農林水産事業	農林漁業金融公庫

3つの事業のうち、創業間もない会社や小規模な会社の強い味方は「国民生活事業」であり、その前身は国民生活金融公庫（略称：国金）です。

日本政策金融公庫「国民生活事業」は、民間金融機関の手が届きにくい300万円から1000万円程度の小口融資や、創業資金融資を得意としています。

私は地方銀行出身ですが、**日本政策金融公庫「国民生活事業」は、創業間もない会社や小規模な会社にとって、最も頼りになる金融機関である**と断言します。

　さらに商工会議所等と連携し、小規模事業者経営改善資金（マル経融資）を行っています。

　商工会議所の指導を受けるという条件付きですが、融資を受ける可能性が切り拓かれる貴重な制度です。

　一方で、日本政策金融公庫「国民生活事業」は、民間金融機関と比べて、手続きが面倒だという声もよく聞きます。

　実際に融資の相談に行くと、事業計画書などさまざまな書類の提出を求められます。

　希望の融資が出やすいという大きなメリットがある分、手続きが面倒というデメリットがあることも知っておいてください。

　ちなみに、手続きについては日本政策金融公庫「国民生活事業」の窓口で親切に教えてくれますし、顧問税理士などに手伝ってもらってもよいでしょう。

　以上のことから、手続きが面倒でも、日本政策金融公庫「国民生活事業」に融資を申し込む価値は充分にあります。

▶ 日本政策金融公庫「国民生活事業」には 預金がない

　このように、頼もしい味方の日本政策金融公庫「国民生活事業」ですが、民間の金融機関とは大きな違いがあります。

　それは「預金がない」ということです。

　ですから、日本政策金融公庫「国民生活事業」からの借入の返済は、民間金融機関に作成した預金口座からの自動振替（自動引き落とし）となります。

預金がないことを踏まえて、社長が知っておくべき特徴が2つあります。

1つ目。日本政策金融公庫「国民生活事業」は、リアルタイムで預金口座の入出金の動きをみて、会社の事業活動を把握することができません。

ですから、事業進捗の報告時や追加融資の相談時など、折に触れてメインバンクの通帳のコピーを提出してください。

2つ目。これが重要です。

日本政策金融公庫「国民生活事業」は、預金口座の入出金の動きをリアルタイムで確認できない分、返済の実績を重視します。

一日の延滞もなく返済日当日にきっちりと返済している、という実績を重視してくれます。

ですから、例えば期間5年の長期運転資金融資を受けた後、毎月の返済日当日にきっちりと返済しているという実績を示せば、返済が半分ほど（2年半から3年くらい）進んだところで、同額あるいは増額で、期間5年の長期運転資金融資を受けやすくなります。

この融資形態を「折り返し融資」と言います（詳細は128ページからの項目32）。

➤ 日本政策金融公庫「国民生活事業」と 民間金融機関の両方で借入

お伝えしたとおり、日本政策金融公庫「国民生活事業」には預金がないので、借入の返済は民間金融機関に作成した預金口座からの自動振替（自動引き落とし）になります。

そこで、手元のお金に余裕を持つために、日本政策金融公庫「国民生活事業」への融資申し込みと同時、あるいは融資実行後すみやかに、返済口座に指定した民間金融機関にも融資を申し込んでください。

日本政策金融公庫「国民生活事業」の融資は、信用保証協会付きではありません。

ですから、民間金融機関の融資は保証協会付きで申し込むことをお勧め
します。

　すると、融資が応諾となる可能性が高まります。

10 | 民間金融機関の 種類と特徴を知る

▶ 信用金庫・信用組合は、 小口融資でも面倒見のよい金融機関

　政府系金融機関のほかに、民間の金融機関もあります。

　まずは、「信用金庫」や「信用組合」です。信用金庫や信用組合は、営業エリアが市区町村単位に限定された地域密着型の金融機関です。

　全体の営業エリアが市区町村単位ですから、支店の営業エリアはさらに細分化されます。

　地方銀行や都市銀行と比べて、経営の規模は小さく、集金など人的接触頻度も高いため、資金調達コストや人件費等は高くなります。

　したがって、相対的に金利が高くなる傾向がありますが、地域のお金をその地域に還元し、地域社会の発展に貢献することを経営方針に掲げていますので、地域企業を大切にし、さまざまな相談に乗ってくれます。

　ですから、小さな会社や創業間もない会社は、信用金庫や信用組合と付き合うとよいでしょう。

　相対的に金利が高くなると言いましたが、その理由を「事務コスト」の面から説明します。

　金利は事務コストのほか、調達コスト・貸倒れリスクなども考慮する必要がありますが、ここでは「事務コスト」に焦点を絞って説明します。

　次の表は、融資総額を100億円とした場合の金融機関ごとの平均融資金額と、取引先数をイメージしたものです。

金融機関の種類	平均融資金額と取引先数	事務コスト	金利
信用金庫 信用組合	1000万円 × 1000社	大	高い
地方銀行	1億円 × 100社	中	中
都市銀行	10億円 × 10社	小	低い

　融資1件あたりの「受付→審査→決裁→実行」までの事務の手間は、融資金額にかかわらず、ほぼ同じです。

　ですから、件数が多いほど、すなわち金額が少額なほど、事務の手間はかさみます。金利が高くなるのは必然と言えます。

　ですが、**信用金庫や信用組合は、小口融資こそ自らの存在意義であると心得ていますので、小口融資にも面倒見よく対応してくれます。**

　金利が多少高くても、納得できる範囲であれば、信用金庫や信用組合と付き合うことをお勧めします。

　ちなみに、私が社長を務める共同冷蔵㈱は設立以来、一貫してさがみ信用金庫をメインバンクとしています。

➤ 地方銀行は都道府県単位で情報量の豊富な金融機関

　地方銀行の営業エリアは、基本的に都道府県単位で、1市区町村あたり1〜10か店程度の支店が配置されるイメージです。

　私の出身銀行である横浜銀行は、地方銀行です。地方銀行は、地域密着経営を標榜しています。

　都道府県の指定金融機関となっているケースが多く、地域の大・中堅企業から中小・零細企業まで、幅広い法人顧客を持っています。

　都道府県内における営業情報や地域開発情報については、質・量ともに他を圧倒する存在です。

ですから、地方銀行は、成長・成熟過程にある会社にとって、資金繰り（融資）の相談先としてだけでなく、営業情報・地域開発情報の入手先として、また経営戦略のアドバイザーとして、ぜひとも付き合いたい金融機関です。

　目安として、借入総額が3000万円を超えるようなら、ぜひ地方銀行との融資取引を考えてください。

▶ 都市銀行は日本全国に展開するメガ金融機関

　都市銀行とは、日本国内に広域に営業基盤を持つ銀行のことです。

　私が横浜銀行に入行した1984年（昭和59年）4月の時点で、下表のとおり都市銀行は13行でした。

　これらの都市銀行が合併を繰り返し、現在は「三菱UFJ銀行」「三井住友銀行」「みずほ銀行」「りそな銀行」が該当すると言われています。

現在の都市銀行	1984年（昭和59年）4月時点の都市銀行13行
三菱UFJ銀行	三菱銀行　東京銀行　三和銀行　東海銀行
三井住友銀行	住友銀行　三井銀行　太陽神戸銀行
みずほ銀行	第一勧業銀行　富士銀行　（日本興業銀行※1）
りそな銀行	大和銀行　協和銀行　埼玉銀行（※2）
	北海道拓殖銀行（※3）

※1 日本興業銀行は、都市銀行ではなく長期信用銀行に分類されていた。
　　当時、長期信用銀行は3行あり、日本興業銀行（略称：興銀）のほかは、日本長期信用銀行（略称：長銀、現新生銀行）と日本債券信用銀行（略称：日債銀、現あおぞら銀行）。
※2 旧埼玉銀行の流れをくむ現埼玉りそな銀行は、りそなホールディングスに属すが、地方銀行に分類されると考えるのが一般的。
※3 北海道拓殖銀行は1997年11月に経営破綻し、北洋銀行等に事業譲渡。

　日本国内のみならず、世界中に営業網を展開しているので、事業規模が大きい会社や海外で事業を展開する会社は、都市銀行をメインバンクとする傾向があります。

都市銀行は相対的に金利が安く、大口の融資に強いのが特徴です。

その反面、一定規模以下の中小企業への融資は消極的です。

目安として、借入総額が1億円を超えるようなら都市銀行との融資取引を考えてください。

▶ 各金融機関のどこの支店と取引するか

それぞれの金融機関のホームページで店舗を検索し、あなたの会社の近隣にどのように支店があるかを調べます。

次に、融資取引をする支店を選びますが、最近は一部の店舗で融資を取り扱わなくなっているため、注意が必要です。

私が横浜銀行に入行した昭和の時代は、すべての支店で融資を取り扱っていました。

しかしバブル崩壊以降、金融機関側の「効率化」の施策によって、一定地域内の融資機能を地域内の中心店舗に集約し、中心店舗の周りの「衛星店舗」は融資を取り扱わず、中心店舗に取り次ぐという体制を敷いている金融機関が多くなっています。

取り次ぎの方法、担当者の常駐場所、融資の決裁権限ラインなどは金融機関ごとに異なるようです。

どの支店の勘定で預金口座を作成し、融資を受けるかについては、取引する金融機関に相談して決めてください。

なお、預金口座は複数の支店で作成が可能ですが、融資取引は原則として1つの支店としか取引できないことになっています。

11 | 会社の成長に合わせて、3〜5の金融機関と取引する

▶ 取引金融機関の種類と数

　ここでは、取引金融機関の種類と数についてお伝えしていきます。

　私の経験に基づき、先に結論を示したものが下記の図表になります。あくまで一つの目安として捉えてください。

・創業間もない時期は、日本政策金融公庫「国民生活事業」、「信用金庫または信用組合」で、計2〜3つ。

・事業が拡大し、借入総額が3000万円以上になったら、日本政策金融公庫「国民生活事業」、「信用金庫または信用組合」、「地方銀行」で、計3〜4つ

・事業が拡大し、借入総額が1億円以上になったら、「信用金庫」、「地方銀行」、「都市銀行」で、計3〜5つ

事業の ステージ	取引金融機関の種類				取引 金融機関数
創業 間もない時期	日本政策 金融公庫 「国民生活 事業」	信用金庫 or 信用組合			2〜3
事業が拡大し 借入総額 3000万円以上	日本政策 金融公庫 「国民生活 事業」	信用金庫 or 信用組合	地方銀行		3〜4
事業が拡大し、 借入総額 1億円以上		信用金庫	地方銀行	都市銀行	3〜5

取引金融機関の種類と数を考える時のポイントは4つです。

①いつでも安定的に確実に資金調達できるよう、複数の金融機関と取引する。

②地方銀行だけで3行など、同じ種類の複数の金融機関と取引するのではなく、異なる種類の複数の金融機関と取引すると、さらに資金調達が確実になる。

③借入総額、すなわち事業規模の拡大に応じて、規模の大きな金融機関と取引することで、大きな金額の借入を確実にする。

④複数の金融機関に融資を打診することにより、適切な金利競争が生じ、低金利での調達が可能となる。

　ちなみに、私が社長を務める共同冷蔵㈱は、メインバンクのさがみ信用金庫のほか、横浜銀行、みずほ銀行、商工組合中央金庫（※）の計4つの金融機関と融資取引をしています。

※ 商工組合中央金庫とは、政府系の金融機関で略称は商工中金。

▶ 複数の金融機関と取引する理由

　金融機関は収益を上げるために、融資量の増加を最大の目標にしています。

　金融機関の担当者にとって、評価を上げるのが融資量増加、シェアアップであり、評価を下げるのが融資量減少、シェアダウンです。

　ましてや、競合他行に全額肩代わりされるようなことがあれば、「法人営業失格」の烙印を押され、左遷されてしまうかもしれません。

　ですから、複数の金融機関と取引があれば、担当者に緊張感が生まれ、融資の相談に対しても迅速に、そして競争力ある低金利で対応してくれるでしょう。

また、チャプター1で述べたとおり、融資は借りられる時に借りられる
だけ借りるべきです。

　複数の金融機関と融資取引があれば、借入時期（≒最終返済日）をずら
す、つまり順番に新規融資、折り返し融資（項目32）を繰り返すことに
よって、返済で減少した借金を「復元」し、お金をたっぷり手元に確保す
ることができるようになります。

12 | メインバンクとの取引を大切にする

▶ メインバンクとは、いざという時に頼りにする金融機関

　会社にとってメインバンクとは、「一番親密に付き合っている金融機関」ということで、何か明確な基準・定義があるというわけではありません。

　会社が複数の金融機関と融資取引している場合、どの金融機関がメインバンクであるかという認識は、会社側と金融機関側で一致していることがほとんどと思われますが、私なりに整理すると、メインバンクの条件は次の4点になります。

①融資残高が一番多い。
②会社所有の土地・建物等がある場合、第一順位で担保に差し入れている。
③事業にかかわる支払～仕入代金・社員の給与・各種経費など～の
　振込依頼件数が一番多い。
④売上代金の振込入金が一番多く、結果として預金残高が一番多い。

　これらの取引により、会社とメインバンクの間では、次のような相互協力関係、信頼関係が形成されます。

a.会社は、金融機関の収益源である融資残高や振込依頼件数などについて、常にメインバンクを取引金融機関中のトップにする。
b.会社は、業績などについて良い情報も悪い情報も、いの一番にメインバンクに報告する。
c.メインバンクは、会社の業況が厳しく、ほかの取引金融機関が融資協力に消極的な時にも、会社存続のために必要な融資を協力してくれる。

どの程度の取引になったらメインバンクとしての自覚を持つかは、金融機関によって異なります。

ですから、会社が①〜④の取引をきっちり行ったうえで、**メインバンクとして頼りにしたいなら、はっきりと「メインバンクとして頼りにしています」と伝えてください。**

できれば、社長から支店長に伝えるのがベストです。

▶ メインバンクの変更は慎重に

会社とメインバンクは、本来「長きにわたる相思相愛の仲」であるべきです。

ですから、メインバンクを変更する場合には、合理的に説明できる理由が必要です。

例えば、このような理由であれば大丈夫です。

「事業の拡大に伴って借入の規模が大きくなり、メインバンクを○○信用金庫から、◇◇◇銀行に変更した。○○信用金庫とは、今も準メインバンクとしてお取引いただいている」

一方、「担当者が頼りなかったので」とか、「支店長が慇懃無礼で気に入らなかったから」などの理由で、メインバンクをコロコロ変更するのは感心できません。

このような話を聞いた時、金融機関の担当者は「明日は我が身」と思い、その会社に対する情熱は多少冷めてしまいます。

金融機関においては、担当者は3〜5年、支店長は2〜3年で異動します。

気の合わない担当者や支店長であっても、いずれ交代しますので、少しの間は我慢しましょう。

そして、もしも次の担当者や支店長とも気が合わなかったら……。

これまでメインバンクから受けた「恩」と、現状の不満を天秤にかけ、現状の不満が上回るようであれば、準メインバンクと周到に打ち合わせて、

メインと準メインの入れ替え、または2行並列メインへのシフトを進めてください。

このくらいメインバンクの変更には気を使ってほしいのです。

中小企業の経営安定には、メインバンクとの連携、協力関係が欠かせません。

メインバンクは担当者から支店長まで一貫して、あなたの会社が順調に経営されることを願っています。

もしも現在、会社が困難な状況にあるのであれば、メインバンクは会社が困難を克服することを心から願い、メインバンクとしてできる限りの協力をしようと思っているのです。

13 金融機関の担当者の タイプを知る

▶ 金融機関担当者とのタイプ別付き合い方

　金融機関と事業融資の取引が始まると、その会社には金融機関の担当者がつきます。

　担当者は、地域や融資残高を基準に決められます。

　仮に、法人渉外課長の配下に入社2年目のA君、入社4年目のB君、若きエースのC課長代理、伸び悩みのベテランD課長代理の4人の担当者がいたとして、下記のように担当が配置されたとします。

		融資残高	
		残高が少ない取引先	残高が多い取引先
地域	東地区	【入社2年目のA君】 平均残高1000万円×100社 ＝10億円	【若きエースのC課長代理】 平均残高8000万円×60社 ＝48億円
	西地区	【入社4年目のB君】 平均残高1500万円×100社 ＝15億円	【ベテランのD課長代理】 平均残高7000万円×50社 ＝35億円

　融資残高が少ない取引先を若手、融資残高が多い取引先を年長者が担当するケースが一般的です。

また、融資残高が少ない取引先の社数は多く、融資残高の多い取引先の社数は少ない傾向があります。

●入社2年目のA君が担当の場合

さて、あなたの会社が東地区・融資残高「少」で、担当がA君の場合を考えましょう。

A君の担当先数は100社と多く、新人で仕事の要領も悪いので、ふらっと訪問してくれるようなことはあまり期待できません。

具体的な融資の相談をしても、反応が遅くイライラするかもしれません。

東地区で評判の良いC課長代理に、担当を変更してほしいと思ってしまうこともあるでしょう。

しかし、C課長代理に担当を変更してもらうことはできません。A君を育てるくらいのつもりで付き合ってください。

A君を立てながら、後述する取引先懇親会や決算説明などで、法人渉外課長や支店長等とも親しくなって、融資案件がスムーズに進む努力をしてください。

●入社4年目のB君が担当の場合

次に、あなたの会社が西地区・融資残高「少」で、担当がB君の場合を考えましょう。

基本はA君の場合と同じですが、一つ補足したいことがあります。

通常、金融機関に入社して、最初に配属される支店には3〜5年間勤務してから次の支店に異動となります。

この3〜5年間は、社会人としての第一歩をしるし、最も多くのことを吸収し、成長する時期です。

また、成長する人としない人の差が最も大きい時期でもあります。

B君は入社4年目。もしかすると支店のムードメーカー的な存在で、若手ながら成長著しい人材かもしれません。

B君がそんなタイプであるとわかればチャンスです。

積極的に融資を相談し、融資を受けて手元資金を厚くしてください。

そんなB君が10年後に課長として、20年後に支店長として戻ってくるかもしれません。

●若きエースのC課長代理が担当の場合

次に、あなたの会社が東地区・融資残高「多」で、担当がC課長代理の場合を考えましょう。

伸び盛りの若きエースですから、前任店で十分な経験と実績を積み、現支店の最重要の取引先を担当しています。

上昇志向が強く、融資案件の発掘、取引金融機関中のシェアアップに熱心でしょう。

また、融資案件に対する審査力、社内調整力、書類作成能力も備わっています。会社にとってはチャンスです。

良好な関係を築き、積極的に融資を相談して融資を受け、手元資金を厚くしてください。

そんなC課長代理は昇格・昇進して、現在の法人渉外課長の後任の課長になるかもしれません。

●ベテランのD課長代理が担当の場合

最後に、あなたの会社が西地区・融資残高「多」で、担当がベテランのD課長代理の場合を考えましょう。

「ベテランの課長代理」とは、順調なら課長に昇進している年齢・キャリアですが、残念ながら昇進できずに課長代理にとどまっている人材をイメージしています。

率直に言って、このタイプは業務遂行力が今一つという人材が多いです。

融資の相談をする際には、時間的な余裕を十分に取ってください。

また、期待どおりに融資の決裁がとれない場合に備えて、ほかの金融機関にも相談するなど、自衛策をとりましょう。

▶ 担当者のタイプにかかわらない共通の心掛け

　金融機関の担当者を4つのタイプに分類して、会社側の対応姿勢を述べてきました。

「当たり外れ」はあるかもしれませんが、担当者は最長でも2年程度で交代します。

　担当の良し悪しで一喜一憂せず、長い目で金融機関と付き合ってください。

　また、担当者がどんなタイプでも、共通することがあります。

　それは、**担当者の上司である課長や、副支店長・支店長とも良好な関係を築いておく**ということです。

　次の項目で述べる取引先の会やゴルフコンペなどを活用して、ぜひ良好な関係を築いてください。

14 | 金融機関からの 頼まれ事への対応

> ### 金融取引の頼まれ事

　金融機関の外回りの担当業務には、下表のような種類があります。

	主な業務	備考
法人渉外担当	企業融資の推進	新規取引先開拓を専門に行う担当者を置く場合もある
個人渉外担当	投資信託や個人年金保険の販売、アパートローンの推進	アパートローンの推進を専門に行う担当者を置く場合もある
総合渉外担当	上記の法人渉外と個人渉外の両方	最近は法人・個人とも業務が細分化しており、総合担当は少なくなっている
債権管理担当	融資先のうち、条件変更先や延滞先の管理	取引先に訪問することもあるが、取引先に来店を要請することが多い
住宅ローン担当	住宅ローンの推進	住宅ローンセンターという専門部署を設け、不動産業者に対して営業する体制を敷く金融機関が多い

　あなたの会社を担当するのは、法人渉外担当者であるケースが多いと思います。

　法人渉外担当者にとって一番重要な仕事は、企業融資の量を伸ばすことです。

担当する会社の融資残高は、何もしないと「約定返済」で減っていってしまうので、残高を増やすためには約定返済で減る以上に、新たに融資しなければなりません。

　ですから、あなたの会社が返済能力に懸念のない良い会社であれば、積極的に融資を売り込んできます。

　会社にとっても、融資を受けて手元のお金に余裕を持つことはよいことです。

　金融機関からの企業融資の売り込みについては、会社と金融機関の利害が一致しますので、まったく問題はありません。

　しかし、法人渉外担当者の目標は企業融資だけではありません。

　会社としては積極的には欲しない商品を、金融機関の担当者が「お願いセールス」することもあります。

　その場合の対応についてお話しします。

　最初に、企業融資以外の頼まれ事は「無理に協力する必要はない」ことをはっきりと申し上げます。

　無理に協力した見返りに、無理な融資を応諾してくれるということは絶対にありません。

　人間関係の潤滑油的な貸し借りの範囲内で、「この程度なら協力するかぁ」というレベルで協力してください。

　法人関連の取引では、具体的にお願いされる項目として以下のものなどが挙げられます。

・法人向けインターネットバンキングサービスの利用
・関連会社が運営する総合研究所への加入
・関連会社が運営するリース会社のリース利用
・友好会社が運営する保険代理店からの保険加入　など

　結論から言うと、費用面で許容できる範囲であれば、協力することをお

勧めします。

　協力した後、費用対効果の観点で利用する価値がないと判断したら、解約または再利用しない、という対応をすればよいでしょう。

　また、個人関連の取引では、具体的にお願いされる項目として以下のものが多いです。

・クレジットカード・ローンカードの加入
・投資信託や個人年金保険などの購入　など

　クレジットカード・ローンカードについては、金融機関の収益源の一つとして推進項目となりますが、金融機関にとって、申込者のパーソナルな信用情報を確認できるという副次的な効果もあります。

　パーソナルな信用情報に問題のない社長は、ぜひ申し込んでください。

　また、投資信託や個人年金保険などは、元本割れリスクのある商品です。商品の仕組みを理解したうえで、無理のない範囲で協力してください。

▶　金融取引以外の頼まれ事への対応

　次に、金融取引以外の頼まれ事についてお話しします。

　融資取引が順調に継続すると、金融機関からいろいろなお誘いを受けるようになります。

　具体的には、このようなものです。

・アルコールなしの取引先の会、講演会
・アルコールありの懇親会
・親密取引先が集うゴルフコンペ　など

　これらは担当者だけでなく、<u>支店長、副支店長などの幹部とも親しくなる大きなチャンス</u>です。

　お声が掛かったら、参加することを強くお勧めします。

以上、金融機関からの頼まれ事への対応方法について述べてきました。

　私の銀行員としての経験からも、一流といわれる経営者は金融機関との付き合いが上手と言えます。

　金融機関に限らず、会社を取り巻くすべての利害関係者との関係作りが上手なのでしょう。

　一流の経営者であればあるほど、金融機関との関係が深まり、スムーズに資金調達できるのです。

15 決算説明①
段取りをつける

▶ 決算説明は定時株主総会後、速やかに行う

「決算説明」とは、年1回の決算の結果について、会社から金融機関に説明することであり、金融機関との信頼関係を強化するうえで、最重要になるイベントです。

この項目では、決算説明の段取りについて解説します。

まず、会社の決算のスケジュールについてお伝えします。

貸借対照表、損益計算書などの決算書類は、株主総会の承認が必要です。

多くの会社は、事業年度終了の日から3か月以内に定時株主総会を開催する旨を定款に定めています。自社の定款も確認してみてください。

一方で、法人税の申告時期は、各事業年度の終了日の翌日から2か月以内が原則で、申告は株主総会で承認を受けた決算書類を基に行わなくてはならないとされています。

ただし、定款において事業年度終了の日から3か月以内に株主総会を開催する旨を定めている場合など一定の事由があれば、税務署に申告期限の延長を申請することで、1か月延ばすことができます。

念のため、このあたりのスケジュールについて、顧問税理士に確認してみてください。

以上より、ほとんどの会社は決算日から2〜3か月以内に開催される定時株主総会での承認を経て、決算が確定します。

ですから、決算日から2〜3か月以内に開催される定時株主総会の日時が決まったら、その後の日時で、融資取引のある金融機関に決算説明のアポイントを取ることになります。

▶ 金融機関側の応対者は金融機関側に一任する

次に、決算説明の段取りについて解説します。ポイントは次の5点です。

①会社側が金融機関の支店に出向く
②会社側は社長と経理責任者の2名が出向く
③金融機関の担当者に①と②を伝え、金融機関側の都合のよい日時をいく
　つか提示していただき、その中から会社側の都合のよい日時を選択し、
　決算説明に出向く日時を確定する
④上記③において、金融機関側の応対者については、金融機関側に一任する
⑤できる限りメイン→準メイン……と、融資残高の多い順に日時を設定する

ここでは、特に④が重要です。

金融機関の支店は、何百社もの会社と融資取引しています。

会社にとっては最重要イベントですが、金融機関側において、すべての取引先の決算説明に支店長が応対することは、現実的に不可能です。

ですから、会社側からは金融機関側の応対者を指名することはせずに、当日誰が決算説明を聞いてくれるのかを楽しみに待ちましょう。

誰が応対するかで、その金融機関の中での自社の立ち位置がわかります。自社の立ち位置をしっかり把握することも大切です。

16 | 決算説明② 重要ポイントは社長自らが説明する

▶ 時間を厳守する

　この項目では、決算説明の具体的な説明方法についてお伝えします。

　まず決算説明には、社長と経理責任者の2名が金融機関に出向くわけですが、絶対に遅刻しないでください。

　金融機関の人間は、世間一般と比べてかなりの時間厳守派です。

　約束時間の10分前には駐車場に到着して車中で待機し、3分前にクルマから出るくらいの慎重さが必要です。

▶ 説明資料は自作する

　次に当日の説明資料ですが、前項目でお話ししたとおり、金融機関側の応対人数がわかりませんので、余裕を持って5人分くらいを準備してください。

　受付で用件を伝え、部屋に案内されたら、応対者が入室するのを待ちます。

　応対者の中に、初めて会う方がいたら名刺交換します。時候の挨拶が終わったら、早速、説明を開始します。

　説明は税務署に提出した申告書を使用せず、自社で作成した次の①〜⑥を使用します。

　なお、税務署に提出した申告書については、金融機関が別表や勘定科目内訳明細書などをチェックするので、原本および全ページ分のコピーをその場で提出してください。

　説明は、次の6項目です。

金融機関に説明する際の資料6項目

① 最重要項目の1年間の推移

② 損益計算書の2期比較

③ 貸借対照表の2期比較

④ 金融機関の取引状況

⑤ その他の重要項目の推移

⑥ 今後の経営方針

　①と④については、私が社長を務めている共同冷蔵㈱で実際に作成している資料イメージを示して解説します。

① 最重要項目の1年間の推移

　まずは「最重要項目の1年間の推移」です。資料イメージは63ページ上の図表、倉庫に保管している荷物の量を日次でグラフ化したものです。

　共同冷蔵㈱の業績に直結する日次データであり、社長として毎日最も注視しているデータです。

　みなさんの会社にも業績に直結し、社長として毎日注視しているデータがあると思います。

　当期の推移を前期以前と比較しながら、社長自身が社長の言葉で説明してください。

　なお、視覚的にわかりやすくするために「表」ではなく、「折れ線グラフ」か「棒グラフ」で作成することをお勧めします。

② 損益計算書の2期比較

　次に「損益計算書の2期比較」です。資料イメージは63ページ下の図表です。

　売上高と経常利益については社長が説明して、勘定科目については増減額の大きい項目を中心に経理責任者が説明しても構いません。

①最重要項目の1年間の推移

庫腹量の推移

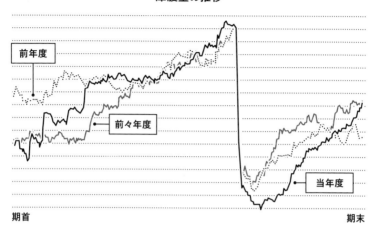

前年度

前々年度

当年度

期首 期末

②損益計算書の2期比較

損益計算書

金額単位：千円

	前期①	当期②	増減②-①	増減理由
売上高				
売上原価				
内訳				
内訳				
売上総利益				
販売管理費				
内訳				
内訳				
営業利益				
営業外収益				
営業外費用				
経常利益				
⋮				
当期純利益				

③ 貸借対照表の2期比較

「貸借対照表の2期比較」です。資料イメージは65ページの図表です。

　自己資本比率については社長が説明し、勘定科目については、増減額の大きい項目を中心に経理責任者が説明しても構いません。

④ 金融機関の取引状況

　そして、説明資料の中でも重要になる「金融機関の取引状況」です。資料イメージは、66、67ページの図表です。

　これは大変重要な表なので、**あなたの会社もこれとまったく同じ形式で作成することをお勧めします。**

　まず、表の構成を解説します（決算日は3月31日とします）。

　横にあたる「行」ですが、データ1行目が決算期末日で、次の行以降に毎月の元金返済額と返済後残高を5～10年分程度掲載します。

　縦の「列」ですが、長期融資（証書貸付）について、金融機関別、契約別に毎月の元金返済額と返済後残高を掲載します。

　そして、長期資金（証書貸付）について、すべての取引金融機関を合計した毎月の元金返済額と返済後残高を掲載するとともに、決算年度ごとの年間の元金返済額を計算します。

　最後に、一番右側の列に短期運転資金（手形貸付・当座貸越）を掲載します。

　決算説明では、表の見方を説明した後、データ1行目の決算期末日の長短借入金合計額が、③の貸借対照表の借入金合計額と突合することを確認します。

　ここで金融機関側は、改めて自らの現在の融資残高と、約定返済の進行による将来の融資残高見込みを確認するわけです。

③貸借対照表の2期比較

貸借対照表

金額単位：千円

	前期①	当期②	増減②−①	増減理由
資産の部				
流動資産				（ア）
内訳				
内訳				
固定資産				
有形固定資産				
内訳				（イ）
内訳				
無形固定資産				
内訳				（ウ）
内訳				
投資その他の資産				
内訳				
内訳				
繰延資産				
資産合計				

	前期①	当期②	増減②−①	増減理由
負債の部				
流動負債				（エ）
内訳				
内訳				
固定負債				（オ）
内訳				
内訳				
純資産の部				
資本金				
利益剰余金				
内訳				
内訳				
負債・純資産合計				
自己資本比率				

（ア）あああああ（増減理由を記載）
（イ）いいいいい（増減理由を記載）
（ウ）ううううう（増減理由を記載）
（エ）えええええ（増減理由を記載）
（オ）おおおおお（増減理由を記載）

④金融機関の取引状況

金融機関	A信用金庫						B銀行	
借入年月	2020年3月		2022年5月		A信用金庫 合計		2020年9月	
当初金額	70,000		30,000				30,000	
金利	1.20%		1.50%				0.95%	
最終期日	2030年3月		2029年5月				2027年9月	
返済年月	返済	残高	返済	残高	返済	残高	返済	残高
2022年3月	583	56,008			583	56,008	357	23,574
2022年4月	583	55,425			583	55,425	357	23,217
2022年5月	583	54,842		30,000	583	84,842	357	22,860
2022年6月	583	54,259	357	29,643	940	83,902	357	22,503
2022年7月	583	53,676	357	29,286	940	82,962	357	22,146
2022年8月	583	53,093	357	28,929	940	82,022	357	21,789
2022年9月	583	52,510	357	28,572	940	81,082	357	21,432
2022年10月	583	51,927	357	28,215	940	80,142	357	21,075
2022年11月	583	51,344	357	27,858	940	79,202	357	20,718
2022年12月	583	50,761	357	27,501	940	78,262	357	20,361
2023年1月	583	50,178	357	27,144	940	77,322	357	20,004
2023年2月	583	49,595	357	26,787	940	76,382	357	19,647
2023年3月	583	49,012	357	26,430	940	75,442	357	19,290
2023年4月	583	48,429	357	26,073	940	74,502	357	18,933
2023年5月	583	47,846	357	25,716	940	73,562	357	18,576
2023年6月	583	47,263	357	25,359	940	72,622	357	18,219
2023年7月	583	46,680	357	25,002	940	71,682	357	17,862
2023年8月	583	46,097	357	24,645	940	70,742	357	17,505
2023年9月	583	45,514	357	24,288	940	69,802	357	17,148
2023年10月	583	44,931	357	23,931	940	68,862	357	16,791
2023年11月	583	44,348	357	23,574	940	67,922	357	16,434
2023年12月	583	43,765	357	23,217	940	66,982	357	16,077
2024年1月	583	43,182	357	22,860	940	66,042	357	15,720
2024年2月	583	42,599	357	22,503	940	65,102	357	15,363
2024年3月	583	42,016	357	22,146	940	64,162	357	15,006
2024年4月	583	41,433	357	21,789	940	63,222	357	14,649
:								
2029年3月	583	7,036	357	726	940	7,762		
2029年4月	583	6,453	357	369	940	6,822		
2029年5月	583	5,870	369	0	952	5,870		
2029年6月	583	5,287			583	5,287		
2029年7月	583	4,704			583	4,704		
2029年8月	583	4,121			583	4,121		
2029年9月	583	3,538			583	3,538		
2029年10月	583	2,955			583	2,955		
2029年11月	583	2,372			583	2,372		
2029年12月	583	1,789			583	1,789		
2030年1月	583	1,206			583	1,206		
2030年2月	583	623			583	623		
2030年3月	623	0			623	0		
2030年4月					0	0		

| | C銀行 2021年2月 30,000 1.00% 2026年2月 | | 長期資金（証貸）合計 | | A信用金庫 短期資金（手貸・当貸）合計 | | |
	返済	残高	返済	返済(年)	残高	借入	返済	残高
	500	23,500	1,440		103,082			20,000
	500	23,000	1,440		101,642			20,000
	500	22,500	1,440		130,202			20,000
	500	22,000	1,797		128,405	10,000		30,000
	500	21,500	1,797		126,608			30,000
	500	21,000	1,797		124,811			30,000
	500	20,500	1,797	20,850	123,014			30,000
	500	20,000	1,797		121,217			30,000
	500	19,500	1,797		119,420			30,000
	500	19,000	1,797		117,623			30,000
	500	18,500	1,797		115,826			30,000
	500	18,000	1,797		114,029			30,000
	500	17,500	1,797		112,232			30,000
	500	17,000	1,797		110,435			30,000
	500	16,500	1,797		108,638			30,000
	500	16,000	1,797		106,841			30,000
	500	15,500	1,797		105,044			30,000
	500	15,000	1,797		103,247			30,000
	500	14,500	1,797	21,564	101,450			30,000
	500	14,000	1,797		99,653			30,000
	500	13,500	1,797		97,856			30,000
	500	13,000	1,797		96,059			30,000
	500	12,500	1,797		94,262			30,000
	500	12,000	1,797		92,465			30,000
	500	11,500	1,797		90,668			30,000
	500	11,000	1,797		88,871			30,000
			⋮					⋮
			940		7,762			30,000
			940		6,822			30,000
			952		5,870			30,000
			583		5,287			30,000
			583		4,704			30,000
			583		4,121			30,000
			583	7,762	3,538			30,000
			583		2,955			30,000
			583		2,372			30,000
			583		1,789			30,000
			583		1,206			30,000
			583		623			30,000
			623		0			30,000
			0		0			30,000

⑤ その他の重要項目の推移

⑤の「その他の重要項目の推移」は、業種や会社の特徴によって社長が注目する項目はそれぞれかと思いますので、イメージは記載していません。

ちなみに、共同冷蔵㈱は冷蔵・冷凍倉庫業で、使用する電力量が大きい、減価償却費の負担が大きいという特徴があります。

そこで共同冷蔵㈱では、電力使用量と電気料金の推移や、減価償却費の実績額と見込み額（過去5期と将来5期）などを説明しています。

⑥ 今後の経営方針

⑥の「今後の経営方針」の説明は、ここまでの説明を踏まえ、今後の経営方針を、事業ごとの経営資源配分や、経営課題への対処方法などの切り口で社長が説明します（チャプター6を参照）。

①から⑥までの説明がすべて終わったところで、金融機関側からの質問があれば回答します。

ここまでの所要時間は最長で50分程度と考え、時間配分してください。

そして、質疑応答が一段落したところで、④の「金融機関の取引状況」の資料に戻り、年度の資金調達計画について話を進めます（これについては、次の項目で詳しく解説します）。

以上、決算説明における説明資料と説明内容について解説しました。

社長と経理責任者の役割分担を次のページに集約したので、再確認してください。

決算説明の際に自作するべき資料と説明者の役割分担

		できる限り 社長から説明する事項	経理責任者から 説明してもよい事項
①	最重要項目の 1年間の推移	すべて	
②	損益決算書の 2期比較	売上高と経常利益	増減額の大きい 勘定科目
③	貸借対照表の 2期比較	自己資本比率	増減額の大きい 勘定科目
④	金融機関の 取引状況	※決算説明の結びに 「年度借入計画」を説明	表の見方と 期末の金融機関別 融資残高
⑤	その他の 重要項目の推移		すべて
⑥	今後の経営方針	すべて	

17 決算説明③ 資金調達の意思を表明する

▶ 「金融機関取引状況表」を使って 資金調達の意思を表明

　前項では、決算説明の具体的な説明方法について解説しました。

　ここでは、決算説明の結びに表明する「資金調達の意思」について解説します。

　決算説明の結びに、決算説明の最大の目的として、「資金調達の意思がある」ことを金融機関に伝えます。

　66、67ページでお伝えした資料④「金融機関の取引状況」を、もう一度机の上に出します。説明者は社長です。

　表の右側の"長期資金（証貸）合計"に、すべての取引金融機関を合算した、「毎月の元金返済額」「年間の元金返済額」「返済後残高」が掲載されています。この「年間の元金返済額」を返済するための原資は、損益計算書の「経常利益＋減価償却費－法人税」です。

▶ 3通りの意思表明の仕方

「年間の元金返済額」と「経常利益＋減価償却費－法人税」の大小関係で、資金調達の意思表明の仕方が変わってきます。

　これを3つのケースに分類して解説します。

ケース1	「経常利益＋減価償却費－法人税」＞「年間の元金返済額」
ケース2	0＜「経常利益＋減価償却費－法人税」＜「年間の元金返済額」
ケース3	0＞「経常利益＋減価償却費－法人税」

ケース1 「経常利益＋減価償却費－法人税」＞「年間の元金返済額」

ケース1では、現在の「経常利益＋減価償却費－法人税」、つまり“お金を稼ぎ出す力”が「年間の元金返済額」を上回っています。

現状の「経常利益＋減価償却費－法人税」が継続できれば、新たに借入をしなくとも返済でき、手元のお金も増える計算です。

この場合、すべての取引金融機関に「転ばぬ先の杖」として、新たな融資を検討してもよいと伝えてください。

そして、金利等条件次第ではありますが、チャプター1で述べたとおり、手元資金をたっぷりと確保するために、融資を受けることをお勧めします。

ケース2 0＜「経常利益＋減価償却費－法人税」＜「年間の元金返済額」

ケース2では、「経常利益＋減価償却費－法人税」、つまり“お金を稼ぎ出す力”はプラスではありますが、「年間の元金返済額」を下回っています。

したがって、現在の「経常利益＋減価償却費－法人税」から「年間の元金返済額」を差し引いたマイナス分だけ、手元のお金が減っていく計算です。

多くの会社は、このケース2に該当すると思います。

この場合、すべての取引金融機関に年度内での新たな長期運転資金融資を依頼してください。

なお、「経常利益＋減価償却費－法人税」が「年間の元金返済額」を大幅に下回る場合は、抜本的な経費削減策や不採算事業からの撤退など、“お金を稼ぎ出す力”の改善策の実行が必要になります。

ケース3 0＞「経常利益＋減価償却費－法人税」

ケース3では、現在の「経常利益＋減価償却費－法人税」、すなわち“お金を稼ぎ出す力”がマイナスです。

マイナスということは、いわゆる「赤字垂れ流し」の状態です。

このままの状態を放置すれば、債務超過に陥ります。もしかしたら、す

でに債務超過かもしれません。

　このケースの場合は、抜本的な経費削減策や不採算事業からの撤退など
を社長のリーダーシップで実行してください。

　抜本的な経営再建策の実行を前提として、取引金融機関には、新たな融
資を依頼します。

　結果として、どの金融機関も新たな融資が困難な場合は、メインバンク
に、毎月の返済額を減らすなどの返済条件の変更、いわゆるリスケ（リス
ケジュール）を交渉してください。

　リスケの交渉等については、後ほど82ページ（項目21）から解説しま
す。

　以上、3つのケースに分類して解説しました。

　**決算説明に合わせて資金調達の意思を表明するというのは、決算説明の
流れの延長線上で、自然なカタチで融資を依頼できるという点で、会社に
とって好都合です。**

　社長から、「長期運転資金の融資を検討してください。金額・期間・金
利等の条件は、一任します。ぜひ良い提案をお願いします。期待していま
す」と伝えてください。

　1か月ほどで、金融機関側から何らかの回答があるはずです。

　もし1か月経って返事がなければ、決算説明に同席した経理責任者から、
金融機関の担当者あてに検討状況を確認してください。

18 決算説明以外で 融資を申し込む際の注意点

▶ 融資申し込みに遠慮は不要

金融機関にとって、次表のA社とB社では、どちらの会社が大切だと思いますか？

	預金残高	融資残高
A社	10億円	なし
B社	1000万円	1億円

即答します。B社です。

理由は簡単で、金融機関の収益源は、預金ではなく融資だからです。

金融機関も、利益を上げなければ存続できません。

金融機関は、会社との取引においては、何よりも「融資の有無」を重視します。

金融機関は、融資取引のない会社とは融資取引を始めたいと考えますし、融資取引があれば、可能な限り融資を増やしたいと考えます。

金融機関にとって「取引がある」というのは、「融資取引がある」とほぼ同じ意味です。

融資取引が始まった取引先を「新規先」と呼び、融資を全額返済し終えた先を「解消先」と呼ぶほどです。

売上代金の振込指定や社員の給与振込などの取引をしても、融資取引がないと、「取引先」とは認識されません。

金融機関はどんどん融資を増やしたいと思っています。

ですから、融資を申し込む際には、遠慮や気兼ねは一切不要です。

▶ 決算説明以外で融資を申し込む際は来社を打診

　前項目で、決算説明の結びに「融資を受けたい意向」を表明すべきということを述べました。

　ここでは、決算説明以外のタイミングで融資を申し込む際の注意点を、次の3つの切り口で解説します。

①決算説明と異なること
②決算説明と同じこと
③決算説明とほぼ同じだが少しだけ異なること

① 決算説明と異なること

　決算説明以外のタイミングで融資を申し込む場合は、来社を打診してください。

　決算説明では金融機関に出向きましたが、この場合は金融機関の担当者に「融資の相談をしたい」と目的を明確に伝え、来社を打診してください。

　すぐにスケジュール調整して来社してくれる場合もあれば、逆に金融機関への来店を要請される場合もあります。

　一概には言えませんが、来店を要請される場合、融資はすんなり行かない可能性があります。

　また、決算説明以外のタイミングで融資を申し込む場合は、メインバンク以下、融資残高の多い順に申し込むのではなく、直前の融資を受けてからの経過期間や、融資残高の減りぐあいなどを考慮して、順番付けしてください。

　順番に融資を打診していき、希望の融資が受けられれば、後ろの順位の金融機関への融資申し込みは次回以降にずらします。

② 決算説明と同じこと

　決算説明以外のタイミングで融資を申し込む場合も、社長と経理責任者

で対応し、金融機関側の応対者も金融機関側に一任してください。

　また、希望する融資が長期運転資金の場合には、社長からの締めの一言はこのような形をとりましょう。

「長期運転資金として、融資を検討してください。金額・期間・金利などの条件は一任します。ぜひ良い提案をお願いします。期待しています」

③ 決算説明とほぼ同じだが少しだけ異なること

　決算説明は、決算で確定した貸借対照表・損益計算書を使用しましたが、決算説明以外のタイミングで融資を申し込む場合は、残高試算表等で直近月までの業績を説明してください。

　残高試算表については、チャプター6で詳しく解説します。

　また、売上高等の重要項目の推移についても、当期の途中経過の推移を前期と比較して説明してください。

　以上が、決算説明以外で融資を申し込む際の注意点です。

　面談時には、会社の現況を包み隠さず、ありのままを開示してください。

　また、時間的に十分な余裕をもって申し込むとともに、融資の審査中に追加の資料の提出等を要請された場合には、最優先で迅速に対応してください。

19 お金に余裕があっても
繰上げ返済はしない

▶ 金融機関担当者の最重要目標は融資の「期中平残」

　金融機関の担当者は、4〜9月の上期、10〜3月の下期と、6か月ごとに目標が設定され、目標達成率によって評価されます。そして、その評価に基づいて夏と冬のボーナスが支給されます。

　法人渉外担当者であれば、事業融資の期中平残、事業融資の新規先獲得件数、資金収益額、役務収益額など多くの目標が設定されます。

　なかでも、事業資金融資の「期中平残」は最重要項目です。
「平残」とは「平均残高」の略で、上期であれば4月1日から9月30日までの毎日の最終残高を合計し、期中日数（183日）で除した残高の平均値のことを言います。

　この「期中平残」、次の2つの理由から実は恐ろしい目標なのです。

・新たな融資をしないと、既存融資の約定返済によってどんどん減少してしまう
・期の序盤の融資は平残アップに寄与するが、終盤の融資はほとんど寄与しない

　このような怖い目標を背負いながら、担当者は今日も融資案件の発掘のために靴底を減らしています。

▶ 繰上げ返済したら絶交？

　担当者は、融資平残目標を達成するために、日々、融資案件を発掘しています。既存融資の約定返済分を埋めるだけでも、相当な新規融資が必要です。

そのようななかで、「約定外の」予想もしない繰上げ返済の申し出が
あったら、担当者は何とか思いとどまってほしいと必死に食い止めるで
しょう。

　もし、社長が「その金融機関と今後とも末永く付き合いたいが、今は手
元にお金がたっぷりあるし、金利を支払うのはもったいないので、返せる
時には一旦返しておこう！」という程度の考えであれば、繰上げ返済しな
いほうが得策です。

　理由は2つあります。

　1つ目は、資金繰りに余裕を持ったほうがよいからです。
　2つ目は、その金融機関と良好な関係を維持するためです。

　繰上げ返済を強行したら、その後に資金繰りが厳しくなって新たな融資
を申し込んでも、まず良い返事は得られないでしょう。

　もし、繰上げ返済を強行するのであれば、その金融機関とは二度と融資
取引しなくても構わない、という覚悟を持って臨んでください。

　個人の借金と会社の借金は、まったく逆です。**個人の借金は返さないと
絶交されてしまいますが、会社は借金を繰上げ返済したら、それは「絶
交」を意味します。**

　なお、金融機関の担当者にとって、約定外の返済を受けて、プラスの評
価をされるケースが1つあります。それは、条件変更先・延滞先などの業
況不良先が、自己所有物件を売却するなどして得たお金で返済する場合で
す。

20 債務超過に陥る前に融資を受けて業績を改善する

▶ 短期融資の返済期日到来時の対応を確認する

業績が低迷し、毎月の残高試算表ベースで「月次の赤字」が発生し、通期でも赤字が見込まれるような状況になると、当然ながら手元のお金は徐々に減ってきます。

このような状況になったら、手元のお金が少なくなる前に資金繰り安定のため、時間的な余裕を十分にもって融資を申し込みます。もちろん、経営改善策の策定・実行とセットでの融資申し込みとなります。

18ページ（項目02）で、「資金繰り表を作らなくてよい会社を目指そう」とお伝えしましたが、業績低迷の局面では、金融機関から資金繰り表の提出を要請されるかもしれません。

その場合には、「収入は少なめ、支出は多め」「収入は遅め、支出は早め」の堅実な資金繰り表を作成してください。

そして融資を申し込むタイミングで、絶対に確認しなければならない大切なことがあります。

それは、手形貸付などで借りている短期融資の返済期日が到来した時の金融機関側の対応です。

手形貸付の手形期日が到来すると、業績が順調な時は「書換え」（同一条件で継続）で対応することが多いのですが、業績が悪化すると「決済」（一括返済）や、「決済新規」（一括返済後に同額借入）を求められる可能性があります。

すべての取引金融機関の短期融資について、返済期日が到来した時に、「書換え」「決済」「決済新規」のいずれの対応をとるかを各金融機関に確認してください。

そして、返済期日到来時の対応を資金繰り表に反映してください。

▶ 資金繰りギリギリまで我慢せずに 融資を申し込む

純資産を減らす原因は「赤字」です。

会社としては、少額でも赤字が出た時点で融資を受けて、資金繰りの憂いのない状態にして、再び安定的に利益が出る経営体質に変革できれば問題ありません。

しかし、赤字が出ても有効な改善策を講じなければ、赤字が純資産を徐々に食いつぶし、資金繰りは悪化し、いずれは債務超過に陥ってしまいます。

債務超過に陥ると資金繰りは厳しさを増し、金融機関から新たに融資を受けることも難しくなります。

ですから、**債務超過に陥る前にいかに融資を受け、いかに経営不振から脱出するかが最も重要です**（純資産・債務超過の詳細は138ページ、項目34から）。

赤字を計上するなど経営状態が厳しい時こそ融資を受け、資金繰りを安定させる必要があります。

融資を受けるということは、業績回復までの「時間」を借りるようなものです。

融資を受けられれば、会社は当面の間、資金繰りのことを気にせずに経営改善に全力を集中することができます。

融資を申し込む際に最も大切なのは、「資金繰りがギリギリになるまで我慢せず、時間的に十分に余裕のあるうちに申し込むこと」です。

「明日、お金が足りなくなりそうなので貸してほしい」と依頼を受けた場合、金融機関は「この会社は資金繰りの管理がまったくできていないな、大丈夫かな……」と身構えるでしょう。

こうなると当然、融資の審査は厳しくなります。

表面上は、「資金繰りが厳しいこと」が問題ですが、本質的には「資金繰り管理がおろそかな会社の管理体制」が問題なのです。

▶ 期待どおりに融資が受けられず
　 資金繰りに窮したらリスケ

　経営が厳しくなり、すべての取引金融機関に融資を申し込んだが、期待どおりに融資を受けられなかった場合、すでに借りている融資の返済条件の変更（リスケまたはリスケジュール）を依頼します。

　リスケをすれば、すでに借りている融資の返済が減額（または猶予）されますから、返済の負担は軽減されますが、以下のようなデメリットが発生します。

リスケのデメリット

・新たな融資を受けづらくなるので、資金繰りをギリギリで回すことになる
・資金繰りがギリギリなので、思いどおりの投資ができない
・すでに借りている融資の金利が高止まりする（金利の引き上げを要請される可能性すらある）

　これらのデメリットを被らないために、資金繰りがギリギリになるまで我慢せず、業況的にも時間的にも、余裕のあるうちに融資を申し込みましょう。

▶ リスケより怖い「粉飾」

　リスケすると、資金繰りをギリギリで回しながら経営の再生を図る、という厳しい道のりになります。

　しかし、リスケの道には出口があります。

　一方、残念ながら資金繰りのプレッシャーに押しつぶされて、粉飾に手を染める社長がいます。

　融資を受けられないかもしれないという恐怖や、融資を受けてラクになりたいという誘惑に負けて、決算書類等を粉飾してしまいます。

粉飾の仕組みは、230ページ（項目52）で解説しますが、売掛金の架空計上や在庫の水増しなどで、赤字の決算を無理やり黒字にするのです。

　私も銀行員時代に、ある会社の決算書で、同じ期なのに異なる内容の決算書に出合ったことがあります。おそらく、税務申告用と金融機関提出用でしょう。もちろん融資はお断りしました。

　粉飾は、そのすべてをすぐに見抜くことはできませんが、嘘に嘘を重ねれば辻褄が合わなくなり、いつか必ずバレます。

　金融機関側も、常に「疑いの目」を持って決算書類等を精査しており、絶対にバレます。

　リスケには出口がありますが、粉飾の先は「倒産」だけです。

　万が一、粉飾していたら、倒産の道を突き進まずに、正直に修正することをお勧めします。

21 リスケ①
「リスケ」の進め方

▶ リスケはすべての金融機関の同意が必要

赤字、資金繰り悪化……と経営が厳しくなりつつあり、すべての取引金融機関に融資を申し込んだが、期待どおりに融資を受けられなかった場合、すでに借りている融資の返済条件の変更（以下リスケ）を依頼します。

ここでは、リスケの進め方について解説します。

リスケとは「融資を受けた時点で約束した返済の条件を履行できないので、返済の条件を変更してもらうこと」です。

会社側（債務者側）が、金融機関側（債権者側）に頭を下げてお願いすることになります。

ですから、リスケに関するすべての交渉は、金融機関側（債権者側）が指定する日時・場所に会社側（債務者側）が出向きます。

また、会社側の出席者は社長および経理責任者などであり、社長は原則として必ず出席します。

リスケは、まずメインバンクに相談します。

リスケ期間中にどのような経営改善策を実行し、すべての金融機関からの借入の返済額をどのように減額（猶予）するかについて、メインバンクと協議して、方針を決定します。

なお、リスケの期間はおおむね1年です。

メインバンクとの間で方針が決定したら、準メインバンク以下の金融機関にその方針を伝え、同意してもらえるよう交渉します。

リスケは、すべての金融機関が同意しなければ成立しません。

ですから、取引金融機関の間で「有利・不利がない」「平等・公平に扱われる」ことが何よりも重要です。

リスケの相談からリスケ契約締結までは、3か月間くらいの時間を見込んでください。

▶ 経営改善計画書で再建への道筋を示す

リスケを依頼すると、金融機関からは残高試算表など通常の融資依頼時に提出する書類に加え、経営改善計画書の提出を求められます。

経営改善計画書には、次の2点を記載します。

・**今後、安定的に利益を上げて返済可能にするために、どのように経営を改善していくのか、また限られた経営資源をどのように配分していくか**
・**計画を実行することによって、今後10年間で売上高と利益がどのように改善するか**

計画は「今後10年間」を記載しますが、リスケで返済の減額（猶予）に応じるのはおおむね1年です。

ですから、1年で収益力を強化し、純資産（内部留保）を少しでも復元させるような意欲的な改善計画を立てなければ、金融機関の承認はおりません。

逆に言えば、「今は業績が悪く返済できないが、早急に経営改善策を実行すれば1年ほどで業績を立て直し、返済できるようになる」ということを経営改善計画書に盛り込んで、取引金融機関に納得してもらえばよいのです。

金融機関としても、会社が倒産してしまったら融資したお金が回収できなくなるので、リスケして会社が業績を立て直して、返済できるようになるほうがメリットがあります。

▶ リスケの条件

　会社としては、現在の苦境やリスケ中には新たな融資を受けづらいことを考慮し、会社側に最も有利な条件でのリスケを目指します。

　会社側にとって最も有利な条件とは「元金返済の猶予」、すなわち元金返済をゼロにすることです。そのために、まずはメインバンクとの間で「元金返済の猶予」を交渉してください。

　リスケは、すべての融資取引金融機関を平等・公平に扱うのが大原則です。

　融資残高の多寡にかかわらず、すべての金融機関の元金返済がゼロになるわけですから、取引金融機関にとって、ある意味で最も平等・公平な対応です。

　「元金返済の猶予」を勝ち取れた場合、仮に毎月の約定元金返済の総額が100万円であれば、1年間の返済猶予額は1200万円となるため、1200万円の融資を受けられたことに匹敵します。

　なお、元金の返済が猶予される場合も、利息の支払いは必要です。

　次に、残念ながら<u>メインバンクとの間で「元金返済の猶予」を勝ち取れなかった場合は、資金繰り上、返済できる金額を取引金融機関の現在の残高シェアで按分するのが一般的です</u>。

　この返済方法を「残高プロラタ」と言います。

　残高プロラタ返済とするのも、すべての取引金融機関の公平性を保つことが目的です。

　例えば、毎月返済できる金額が50万円、取引金融機関の融資残高合計が1億円として、各金融機関への残高プロラタの返済額は、次のとおりです。

金融機関	融資		毎月返済	
	残高	シェア	金額	計算方法
A	4000万円	40%	20万円	50万円×40%
B	3000万円	30%	15万円	50万円×30%
C	2000万円	20%	10万円	50万円×20%
D	1000万円	10%	5万円	50万円×10%
計	1億円	―	50万円	

ちなみに、「残高プロラタ」のほかに、「信用プロラタ」があります。
「信用プロラタ」とは、預金担保、不動産担保、保証協会付きなどで保全
されていない借入金の残高のシェアで按分する方法です。

しかし、信用プロラタは不動産担保の評価額が金融機関ごとに異なるな
どの理由で、あまり利用されません。

▶ リスケ交渉中の資金繰り

リスケの相談から契約締結まで、3か月程度の期間を要します。

その間も取引金融機関の融資は返済が進行し、手元のお金は減っていき
ます。

ですから、リスケと言えど資金繰りに余裕のあるうちに、時間的にも余
裕を持って交渉を進めていくことが大切です。

また、この段階に至ったら資金繰り表を作成し、会社の事業が継続する
ために不可欠な支払いについて、しっかりと金額と期日を管理してくださ
い。

社員の給与の支払い、仕入資金の支払いなどの必要不可欠な支払い予定
について、金融機関側とも情報を共有し、その分の資金を確保するために
金融機関側に協力してもらわなければなりません。

そして、メインバンク等と協議のうえ、次のような対応策を検討してください。

・売掛金等が返済口座に振り込まれても、自動的に融資の返済に充当されないよう、金融機関に手続きしてもらう
・売掛金の振込指定金融機関を、融資取引金融機関以外に変更しておく
・仕入資金や社員給与の振込を依頼する金融機関を、融資取引金融機関以外に変更しておく

また、これらの対応をとる場合には、取引金融機関と事前に協議してください。

▶ リスケのメリットとデメリット

本項目の結びに、リスケのメリットとデメリットをまとめます。

リスケのメリット
①取引金融機関から新たな融資を受けられず、資金繰りが厳しい状況下で、既存の融資の返済を減額（または猶予）してもらえる。 その分、資金繰りがラクになり、経営改善を進められる。
②リスケについてはすべての取引金融機関が承認しているため、リスケの期間中であれば金融機関側が法的な回収措置をとり、それに起因して倒産することを防げる。
リスケのデメリット
①リスケ中は原則として新たな融資は受けられない。想定外の事態が発生し、どうしても新たなお金が必要になった場合はメインバンクに相談する。
②リスケ中は金利が高い。理由としては、貸倒れリスクが反映されていること、取引金融機関の間で競争が生じていないことが挙げられる。
③リスケ中は、経営の自由度が大幅に制約される。

この中で、特に注意してほしいことがデメリットの③です。

　当初の契約どおりに借入金を返済できず、返済を減額（または猶予）されている立場なのですから当然です。

　例えば、経営改善計画を上回る利益を上げられたからといって、**金融機関に無断で賞与を支給したり、新たな設備を購入してはいけません**。

　また、**新たなお金が必要になった場合、取引金融機関に無断でノンバンク等から借り入れてはいけません**。

　このようなことをしたら、取引金融機関との信頼関係は壊れ、二度と協力を得られないでしょう。

22 | リスケ②
バンクミーティングと
中小企業活性化協議会

▶ バンクミーティング

リスケの進め方をまとめると、①～④になります。

①まずメインバンクに相談し、経営改善計画およびリスケ期間中の返済条件等について、方針を決定する
②経営改善計画書には、収益強化策、今後の売上高と利益の計画を明示する
③メインバンクとの間で方針決定した、経営改善計画およびリスケ期間中の返済条件等について、準メインバンク以下の金融機関にも同意を得るべく交渉する
④リスケの相談からリスケ契約締結までの資金繰り対策をしておく

　取引金融機関が複数の場合、上記の手続きや交渉を会社と各金融機関が1対1で行うのは、時間的に非効率です。

　会社は返済額を減額（猶予）してもらうという弱い立場なので、交渉も及び腰になり、ズルズルと時間だけが経過してしまい、業況がますます悪化するということになりかねません。

　また、金融機関側から見ると、金融機関の間の平等性・公平性が保たれているか不安が生じます。

　そこで、「バンクミーティング」という関係者一同を集めた会議の開催が一般的になっています。

　さらに、公平中立な立場の調整役として、「中小企業活性化協議会」に支援を依頼し、バンクミーティングに参加してもらうというケースも増え

てきています。

バンクミーティングは、メインバンクが主催します。

取引金融機関からは、経営改善計画の達成可能性、経営改善計画をやり切る経営者の手腕、業績悪化の根本原因などについて厳しい指摘が出ます。

また、リスケに応じる条件として、資産の売却、役員報酬の削減、役員人事などに議論が及ぶ場合もあります。

会社としては、メインバンクと連携しつつ、これらの声に真摯に対応する姿勢が必要です。

そして、<u>「何としても会社を再建させる」という強い意志と覚悟を示してください</u>。その強い意志と覚悟がなければ、金融機関は支援してくれません。

▶ 中小企業活性化協議会の支援

「中小企業活性化協議会」とは、中小企業の収益力改善・事業再生・再チャレンジを一元的に支援する公的支援機関で、2022年（令和4年）4月1日に中小企業再生支援協議会と経営改善支援センターが統合して設置されました。

全国の47都道府県に設置されています。

メインバンクにリスケを相談する際には、あわせて中小企業活性化協議会の支援についても相談してください。

中小企業活性化協議会は、経営改善計画の策定の指導や、バンクミーティングへの参加など、会社再建の強い味方となります。

特にバンクミーティングでは、公平中立な立場で調整力を発揮します。

バンクミーティングが紛糾する要因として、メインバンクの経営指導不足、経営改善計画の本気度合い、返済額の「残高プロラタ」などがあります。

金融機関側にも、ほかのリスケ案件における金融機関の間の協力関係、不動産担保設定状況など、さまざまな思惑や利害関係があります。

一方、中小企業活性化協議会には、このような思惑や利害関係がありませんので、大局的な見地からスムーズに調整ができます。また、発言にも公的機関としての重みがあります。

　中小企業活性化協議会の見解には何ら拘束力はありませんが、金融機関としては公的機関に対し無下な対応はできません。

　私の銀行員時代の経験からも、金融機関は中小企業活性化協議会の方針に同意することが多いと言えます。

浜銀出身者が社長になっても、メインバンクはさがみ信用金庫のままです

　私は、大学卒業後31年間、横浜銀行に勤務し、その後、共同冷蔵株式会社という中小企業の社長をしています。共同冷蔵は、神奈川県小田原市を本社とする冷凍・冷蔵倉庫会社です。設立は1966年（昭和41年）で、設立以来、さがみ信用金庫（設立当時は小田原信用金庫）をメインバンクとしています。

　私の横浜銀行での最終役職位は小田原支店の支店長です。ですから、さがみ信用金庫の方々とは、再生支援企業のバンクミーティングや、商工会議所の金融庶業部会、ロータリークラブなどで面識があり、特にA理事長（当時）とは親しくさせていただいていました。

　そんな私が縁あって、共同冷蔵の社長に就任したわけです。後で聞いたことですが、当時さがみ信用金庫内では、横浜銀行にメインバンクの座を奪われてしまうかもしれないという警戒感があったようです。

　共同冷蔵の社長になった時、さがみ信用金庫のA理事長（当時）から「これからも、さがみを応援してよ」と念を押されたのを覚えています。

　会社経営においては、良い時もあれば悪い時もあります。

　良い時の資金需要にも対応してくれますが、悪い時にも、親身になって助けてくれる、寄り添ってくれる、心の支えになってくれる……、それこそがメインバンクです。私は、そのことを横浜銀行で学びました。

　共同冷蔵も、さがみ信用金庫のお陰で、高度成長の波に乗って冷凍倉庫を増設するとともに、2度のオイルショック、バブル崩壊、ITバブル崩壊、リーマンショックなどの困難を乗り越えてきたのです。この恩を仇で返すようでは、会社の将来はありません。

　先ほどの、A理事長（当時）の「さがみを応援してよ」の声掛けに対して、私は「共同冷蔵がこれまでさがみ信用金庫さんから受けたご恩は十分承知しています。これからもよろしくお願いします」と応えたことを覚えています。

　現在、新型コロナウイルスやウクライナ紛争などによって、私たちを取り巻く環境は厳しさを増しています。このような状況下ですが、さがみ信用金庫にはメインバンクとして、横浜銀行にも準メインとしてお世話になっています。

社長が
知っておきたい
融資の知識

Chapter 3

23 融資は「証書貸付」「手形貸付」「当座貸越」「手形割引」の4種類

▶ 4種類の融資

　金融機関の融資の形態には、「証書貸付」「手形貸付」「当座貸越」「手形割引」の4つの種類があります。

　概要をまとめると、下表になります。

種類	契約形態	主な資金使途	融資期間	返済方法
証書貸付	借用証書を差入れる	設備資金 長期運転資金	長期 5〜10年が多い	毎月の分割返済が多い
手形貸付	約束手形を差入れる	短期運転資金	短期 1年以内	期日一括返済が多い
当座貸越	契約後、借入限度内で個別に申し込む	短期運転資金	短期 1年以内	自由
手形割引	受取手形を買い取ってもらう	短期運転資金	短期	なし

証書貸付（略称：ショウガシ）

　契約形態は、金銭消費貸借契約書（略称：キンショウ）で、借入金額、資金使途、期間、金利、返済方法等の融資条件を細かく定める方式です。

　期間は1年超の長期で、5〜10年が多いですが、2年や30年もあります。

　返済は、毎月の元金均等返済が一般的です。資金使途は、設備資金、長期運転資金などになります。

金融機関の融資残高の8割以上は証書貸付と言われています。

借入金額に応じて、所定の印紙税がかかります。

手形貸付（略称：テガシ）

契約形態は、借入用手形で借入金額、期間を定める方式です。

期間は1年以内の短期です。

返済は期日一括返済、または書換えが一般的ですが、賞与資金などでは分割返済もあります。

なお、書換えとは、手形期日に同額の新手形を差入れ、借入を継続することです。

資金使途は、短期運転資金、賞与資金などです。証書貸付より契約手続きが簡素化されています。

借入金額に応じて所定の印紙税がかかりますが、証書貸付よりも安いです。

当座貸越（略称：トウタイ）

契約形態は当座貸越契約書で、借入可能な「借入限度額（極度額）」を設定し、その範囲内で自由に借入と返済を繰り返すことができる方式です。

金融機関の融資の中で、最も審査が厳しい融資方式です。

当座預金とは無関係の専用当座貸越と、当座預金と連動する一般当座貸越がありますが、最近では、当座貸越といえば専用当座貸越のことを指します。

よって、以下は専用当座貸越の説明です。

通常1年間の契約となり、契約期限が到来した際には金融機関で継続の審査が行われます。

財務内容などにより契約を更新できない場合は、実務上、その時点の貸越残高を証書貸付に切り替え、分割返済することが多いです。

資金使途は、短期運転資金や賞与資金などです。

当座貸越契約を締結すれば、借入限度額（極度額）の範囲内で、簡単に

借入と返済ができます。

　印紙税は借入限度額（極度額）にかかわらず、契約時200円と安価で、借入限度額の範囲内で反復して借入れる際には印紙は不要です。

商業手形割引（略称：ワリビキ・ショウテ）

　売上代金として販売先から受け取った手形を、金融機関に買い取ってもらう融資方式です。

　手形の額面金額から、手形の支払期日までの金利が差し引かれて入金されます。

　手形の支払期日に手形を取り立てることで、金融機関は資金を回収します。

　ですから、手形割引を依頼した会社は、金融機関に返済する必要はありませんが、もし割引した手形が不渡りになった場合は、金融機関から手形を買い戻す義務が生じます。

24 | 証書貸付は
繰上げ返済の違約金に注意する

▶ 元金均等返済と元利均等返済

　毎月の返済額において、元金の返済額が均等な返済を元金均等返済、元金と利息の合算額が均等な返済を元利均等返済と言います。

　返済のイメージをグラフで示すと、下記のようになります。

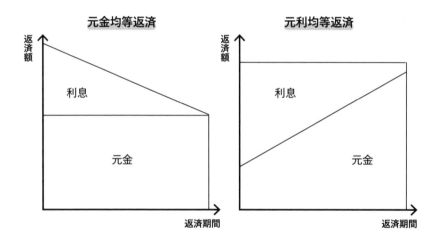

　事業融資における活用状況ですが、ほぼすべてが元金均等返済になっています。

　ちなみに、住宅ローンなどのパーソナルローンにおいては、ほぼすべてが元利均等返済になっています。

　次に、事業融資で利用される元金均等返済のメリットとデメリットを説明します。

メリットは、元利均等返済に比べて、元金の返済スピードが早いため、同じ借入期間の場合に元利均等返済よりも返済総額は少なくなることです。

　一方、デメリットとしては、返済開始当初の返済負担が大きくなることが挙げられます。

　ちなみに、パーソナルローンで利用される元利均等返済は、返済額（元金＋利息）が一定のため、返済計画が立てやすくなりますが、同じ借入期間の場合、元金均等返済よりも返済総額が多くなります。

▶ 繰上げ返済する際の違約金

　チャプター1、2で、資金繰りに余裕を持つために、また金融機関と良好な関係を作るために、繰上げ返済はしないほうがよいと説明しました。

　しかし、事業を営むなかでは、何らかの事情で繰上げ返済する場面も想定されます。

　そのような場面に備えて、繰上げ返済の際に生じるかもしれない「違約金」について説明します。

　繰上げ返済とは、金銭消費貸借契約において定められた毎月の返済額とは別に、借入金の一部または全額を返済することを言います。

　金融機関によっては、この繰上げ返済を行うと、違約金（または手数料）の支払いを求めることがあります。

　金融機関側は「市場で金利スワップ契約を……」などと理由を説明しますが、会社にとってはそのような理由はどうでもよいことです。

　会社にとって重要なのは、支払いの義務があるかないかの1点だけです。

　契約書、または「特約書」のような書類に、繰上げ返済の違約金に関する記載があり、そこに記名・捺印していれば、支払いの義務が発生します。

　ですから、証書貸付の金銭消費貸借契約を締結する際は、まず繰上げ返済の違約金に関する条項がないことを確認してください。

もし、繰上げ返済の違約金に関する条項がある場合は、十分に説明を受け、そのことを承知のうえで、万が一にも繰上げ返済はしないという覚悟を持って契約してください。

25 借りるからには「期限の利益」を知っておく

▶ 資金繰り安定のためには借入期間は長いほうがよい

チャプター1では、手元にたっぷりとお金を確保するために、積極的に融資を受けるべきであることを説明しました。

そして、**借り方としては、できるだけ長い期間で、分割返済で借りることをお勧めします。**

例えば1000万円を、次の3通りで借りる場合を考えてみましょう。

	期間	返済方法	
パターン1	3年	分割返済	278,000円×35回 + 270,000円×1回
パターン2	5年	分割返済	167,000円×59回 + 147,000円×1回
パターン3	5年	一括返済	5年後に1000万円一括返済

パターン1と2では、期間と毎月の返済額が異なります。

毎月の返済額が少ないほうが資金繰りがラクなので、パターン1よりも2のほうがよいです。

また、パターン2と3では、返済方法が異なります。

毎月の返済負担という点では、パターン3のほうがラクなのですが、最終期日に一度にまとめて返す負担を考えると、現実的ではありません。

金融機関の側から見ても、最終期日に一括返済する合理的な理由がなけ

れば認められません。

　以上より、表の3通りの中では、パターン2の返済方法がお勧めです。

　そして、借入期間の長さについて考える時に重要な「期限の利益」という概念があります。

　小難しそうな用語ですが、「期限の利益」は社長にも絶対に覚えていただきたい概念です。

▶ 期限の利益

「期限の利益」について、まず、誰の持っている「利益」かというと、借り手の持っている利益（＝権利）です。

　そして、どういう利益（＝権利）かというと、**「返済は契約どおりにすればよく、ただちに借入残高全額を返済する必要（＝義務）はない」**という権利です。

　先ほどのパターン2で言えば、「契約どおり毎月167,000円をきっちり返済していれば、例えば1年経過後に借入残額約800万円をまとめて返せと要求されても、返済する必要（＝義務）はない」ということです。

　これは、貸し手である金融機関の側からみれば、「債務者が契約どおりにきっちり返済していれば、金融機関の都合で前倒しの返済は要求できない」ことを意味しています。

　このように、借り手にとって極めて重要な「期限の利益」ですが、いくつかの事象が発生すると「期限の利益」を失ってしまい、当初の契約どおりではなく、すぐに全額返済しなければならなくなります。

　このことを「期限の利益の喪失」といい、どういう事由が発生すると期限の利益を喪失するかについて、銀行と融資取引を開始する際に締結する「銀行取引約定書」（略称：銀取）に定められています（※）。

※ 信用金庫であれば「信用金庫取引約定書」、信用組合であれば「信用組合取引約定書」となります。

　金融機関とすでに融資取引がある会社は、改めて銀行取引約定書で、「期限の利益の喪失」の条項を確認してみてください。

▶ 期限の利益の喪失

期限の利益の喪失には、"当然喪失"と"請求喪失"の2種類があります。

当然喪失とは、ある事象が発生したら、何もしなくても当然にして期限の利益を喪失することです。

請求喪失とは、ある事象が発生して、金融機関から請求された場合に期限の利益を喪失することです。

喪失事由としては、これらになります。

当然喪失事由

・破産、民事再生、会社更生などの法的整理の申立があったとき

・手形交換所または電子債権記録機関の取引停止処分を受けたとき　など

請求喪失事由

・借入金の返済を遅滞したとき

・借主が差し入れた担保の目的物について、差押または競売手続の開始があったとき　など

金融機関が債務者に対して、「債務を期日までに返済できなければ期限の利益が喪失する」という内容の通知兼督促を行い、その返済期限が経過した時点で、「期限の利益」を喪失することとなります。

▶ 短期の手形貸付より、長期の証書貸付がお勧め

短期運転資金を手形貸付で借入れ、手形期日が到来すると、毎回「書換え」で対応している、という会社は結構多いと思います。

この書換えの手続きを「期限の利益」という概念で説明すると、金融機関側の審査の結果で、「期限の利益」の期限を延長してくれている、ということになります。

自動的、無条件に期限を延長しているわけではありません。

78ページ（項目20）でもお伝えしましたが、業況が悪化すれば「決済」

や「決済新規」を求められるかもしれません。

　また、金利の引き上げや担保の差入れが「書換え」の条件になるかもしれません。

　<u>債務者として、自らの「期限の利益」を強固なものにするため、証書貸付による長期借入をお勧めします。</u>

26 | 金利引き下げの交渉を
どこまでするか

▶ 金利は都度、個別に決まる

金融機関から融資を受ける際の「金利」とは、借入金に対する利息の割合で、年○.○○○％と表示されます。

利息と金利の関係は、次の計算式で表されます。

【利息の計算式】
利息 ＝ 借入残高×金利（年率）×日数÷365日

事業融資の金利は、<u>借入期間、借主の業況、借り入れる金融機関、借入の時期などによって、契約の都度、個別に決まります</u>。

金利がどのように決定されるのか、計算式は次のとおりです。

【金利の計算式】
金利 ＝ ①調達コスト＋②貸倒れリスク＋③経費率＋④利益

計算式を構成する4つの要素を、一つずつ見ていきましょう。

① 調達コスト

金融機関は、お金の余っている人から預金というカタチでお金を集めて、お金を必要とする会社・個人に融資します。

調達コストとは、この預金を集めるのに必要な預金者への「支払利息」です。

実際には、預金以外に日本銀行や他の金融機関などからも資金を調達するのですが、ここではザックリと「預金の利息」と考えてください。

② 貸倒れリスク

貸倒れリスクとは、融資した会社が倒産して、貸したお金が回収できなくなる可能性のことです。

金融機関は会社の業績などにより会社を分類し、分類ごとに「倒産する確率」を算出しています。

そして、その「倒産する確率」を金利に上乗せしているのです。

③ 経費率

人件費、システム経費など、金融機関としての業務に必要な諸経費を上乗せしています。

④ 利益

金融機関としての業務の継続に必要な投資等に充当するための利益です。

▶ 自分と相手の利益のバランスに配慮

金利を決定する4つの要素のうち、貸倒れリスクについては会社側の努力で低くすることができます。

資金繰りを安定させながら着実に利益を上げ、内部留保を蓄積していけば、金融機関が査定する「貸倒れリスク」は低くなりますので、低い金利で借りられるようになります。

金融機関の現場で困ってしまうことの一つに、経営者の間で借入金利の情報を交換し合い、金利が高い会社の社長から「知り合いの会社の借入金利より高い」という苦情を受けるということがあります。

読者のみなさんは、このような苦情をなさらないでください。

一方、貸倒れリスク以外の3要素である"調達コスト""経費率""利益"
については、金融機関側の事情で決定するものであり、会社側の努力では
変えられません。

これら3要素のうち、調達コストと経費率については、規模の大きい金
融機関のほうが低く抑えられるという傾向があります。

ですから、単刀直入に申し上げて、どちらが低い金利で貸せるかという
「金利競争」において、信用金庫など規模の小さい金融機関は、都市銀行
など規模の大きい金融機関にはまず勝てません。

しかし、規模の小さい金融機関には、小口の融資にも親切に対応してく
れるなどの特徴があります。

**金利水準だけでなく、利便性なども十分考慮して金融機関を選んでくだ
さい。**

多くの経営者の方々とお付き合いして、つくづく感じたことは、優れた
経営者は自分と相手の利益のバランスに配慮しているということです。優
れた経営者は、決して自分の利益だけを主張しません。

**相対取引においては、自分の利益は相手の損失になり得ますので、自分
と相手の利益のバランスに配慮することが大切**です。

➤ 日本銀行が公表する貸出約定平均金利で、借入れ時点の金利水準を確認する

先ほど、「知り合いの会社の借入金利より高い」というクレームはしな
いほうがよいと述べましたが、提示された金利を無条件で受け入れるとい
うのも、交渉としては従順すぎます。

融資の金利は、「企業の財務内容などを金融機関のコンピュータに入力
すると、小数点第3位まで自動算出される」というほど精緻なものではあ
りません。

融資案件ごとに標準的な金利が定まっていて、他金融機関との競合状況
等によっては多少の引き下げが可能なのです。

そこで、**日本銀行が公表する「貸出約定平均金利の推移」を参考にする**という方法をお勧めします。

ヤフーやグーグルなどの検索サイトで「日本銀行　貸出約定平均金利」と入力して検索すれば、すぐに出てきます（※）。

※ 参考：日本銀行 貸出約定平均金利　https://www.boj.or.jp/statistics/dl/loan/yaku/index.htm

直近の6か月分の「新規」と「ストック」の平均金利が、短期／長期／総合別に、都市銀行／地方銀行／第二地方銀行／信用金庫別に一覧できます。A4サイズで2ページの一覧表です。

交渉が有利に進むと判断したら、このリストをプリントアウトして、金融機関担当者に示し、「直近月の新規・長期の平均金利と比べて少し高くないですか？　もう少し引き下げを検討してください！」といったように交渉の材料に使ってみてください。

▶ 固定金利と変動金利

金利水準について知ったうえで、証書貸付における固定金利と変動金利についてお伝えします。まずは用語の説明です。

・固定金利 …… 融資期間中ずっと借入金利が変わらないという融資形態
・変動金利 …… 融資期間中、「基準金利」の変動に合わせて借入金利も同じ幅で変動するという融資形態

次に、どちらを選択すべきかについてお伝えします。

一言で申し上げると、「将来、金利が下降すると思うか、上昇すると思うか」がポイントです。

将来、金利が下降すると予測した場合は、変動金利を選択するのが合理的です。

変動金利なら、将来、金利の下降に合わせて借入金利も下がるので、今金利を固定する必要はありません。

一方、将来、金利が上昇すると予測した場合は、固定金利を選択する余地が出てきます。ただし、無条件で固定金利を選択することにはなりません。

　無条件とはならない理由は2点です。

　1点目。一般的に借入時点では、変動金利のほうが固定金利よりも低いからです。

　2点目。固定金利を適用するために、借入時点で手数料が発生するケースがあるからです。

　ですから、固定金利を選択するとしても、この2点を十分に考慮してください。

　次に、それぞれの注意点を説明します。

　固定金利は、繰上げ返済する場合に「違約金」が発生するケースがありますので、契約に際してはその点を十分に確認してください。

　変動金利は、何を基準金利に採用しているか、どういうタイミングで変動するかを、契約に際しては十分に確認してください。

27 | 融資の「資金使途」は 絶対にごまかさない

▶ 資金使途で嘘をつかれたら、即「絶交」

いきなりですが、あなた個人が友人から「30万円貸してくれ」と頼まれた時を想像してください。

みなさんは、どのように返事をしますか？

たぶん、ほとんどの方がこう言うでしょう。

「で、何に使うんだ？」

お金を貸す立場から考えれば納得できると思いますが、「お金を何に使うか」＝「お金の使い道」＝「資金使途」は、とても重要です。

それは、貸し手が「個人」（＝みなさん）でも、「会社」（＝金融機関）でも同じです。

金融機関の遺伝子に組み込まれている、と言っても過言ではありません。

そして、もし「子供の大学の入学金に使う」というから貸したのに、実は賭け事で全額失っていたと知ってしまったら……。

多くの方がそうであるように、金融機関にとっても「資金使途」で嘘をつかれることは、即「絶交」を意味します。

▶ 資金使途「設備資金」の場合には細心の注意を

例えば、このようなケースを想像してください。

「資金使途『営業車両購入資金』で融資を受けたが、クルマはリースで対応し、融資金はゴルフ会員権の購入に充当した……」

この場合、借り手はそれほどの罪悪感を抱いていない可能性がありますが、金融機関にとっては絶対に認められない事象です。

このようなことをしたら、その金融機関と円満に融資取引を継続することはできません。

　この例のような「資金使途の罠」にハマらないよう、順を追ってお伝えしていきます。

　まず、「設備資金」についてです。

　設備資金とは、土地の購入、建物の建設、パソコンの購入、ホームページの作成など単発で発生し、長期的に使用する有形・無形の固定資産に充当する資金のことです。

　これらの有形・無形の固定資産には大きな金額が必要ですから、資金繰りを安定させるためにも、積極的に融資を受けるべきです。

　融資を申し込む際には、必ず「見積書」を提出します。そして、融資金額は見積書金額の範囲内となります。

　設備の納入等が予定どおりに完了したら、業者に代金を支払います。

　業者への支払いは、必ず融資金が入金された預金口座から業者の指定する預金口座に振り込んでください。

　現金取引や小切手取引だと、資金の流れをわかりづらくしますので、業者への支払いは振り込みがベストです。

　また、融資の決裁前や実行前に業者から支払いを頼まれても、手元の資金で支払わないでください。

　融資金が入金された後に、その資金で業者の指定口座に振り込む、という順番が大切です。

　また、金融機関に見積書を提出した後に値引き交渉をして、見積書より安い金額で契約できた、というようなこともあると思います。

　その場合は、見積金額以下で契約できたことを金融機関に報告し、差額の取り扱いについては金融機関の指示にしたがってください。

　差額が少額だからといって、金融機関に無断で運転資金に充当するようなことはしないでください。

▶ 資金使途「運転資金」の場合の注意点

次に、「運転資金」について説明します。

運転資金とは、人件費、商品や原材料の仕入代金、納税費用、水道光熱費など、事業を営むうえで継続的に発生する費用に充当する資金のことです。

融資を申し込む際には、前述の「設備資金」のように、個別に見積書を提出するようなことはありません。

資金使途を特定の取引に対する支払いに限定せず、「経常運転資金」または「増加運転資金」と申告し、金融機関側も融資金を資金使途どおりに使ったかどうかは確認しないのが一般的です。

そのような中、運転資金としては例外的に、金融機関が資金使途を確認する場合があります。

例外の1つ目は、「賞与資金」や「納税資金」です。

金額を賞与明細や納付書で確認し、その金額の範囲内で融資し、融資金が口座に入金後、その口座から賞与振込、税金納付を行います。

融資から振込・納付まで、一気通貫でメインバンクが対応するのが通例です。

例外の2つ目は、「大きな金額の仕入資金」です。

高価な商品を仕入れる場合や、特定の商品を大量にまとめて仕入れる場合などは、融資金全額がその商品の仕入代金に充当されることを金融機関が確認する場合があります。

なお、不動産業者が商品不動産を仕入れる場合は、運転資金としてではなく、不動産プロジェクト資金として融資します。

不動産プロジェクト資金の融資は、その不動産の売却可能性や採算性を詳細に審査して決定されます。

▶ 長期運転資金の借入事由は「手元資金を厚くしておきたい」

　本項目の結びに、本書でお勧めしている「長期運転資金」にも触れたいと思います。

　長期運転資金を申し込む際には、簡単明瞭に「**手元資金を厚くしておきたい**」で十分です。

　ただし、貸し手が借り手を信頼していることが大前提です。

　金融機関が会社や社長のことを、「手元資金に余裕があるからといって無駄遣いしない、無謀な投資をしない」と信頼してくれている状況でなければいけません。

28 不動産担保は、メインバンクに根抵当権を設定

▶ 不動産担保とは

担保とは、借り手（＝債務者）が約束どおりに返済できない事態に備えて、貸し手（＝債権者）が返済を確実に受けるために確保する手段のことです。

担保には、物を確保する「物的担保」と保証人を確保する「人的担保」があります。

物的担保の中では、不動産担保が最も一般的であり、「（根）抵当権」を設定します。

▶ （根）抵当権とは

（根）抵当権とは、借り手（＝債務者）が約束どおりに返済できない状況になってしまった場合に、貸し手（＝債権者）が土地や建物を競売にかけ、他の債権者に優先して返済を受けられる権利のことです。

ここで社長に知っておいてほしいことは、次の3点です。

1点目。貸し手（＝債権者）のことを「（根）抵当権者」、担保物件〈（根）抵当権が設定される土地や建物〉の提供者（＝所有者）のことを、「（根）抵当権設定者」と言います。ぜひ、用語を覚えてください。

2点目。（根）抵当権は、契約当事者である（根）抵当権者と（根）抵当権設定者の合意があれば成立しますが、契約当事者以外の第三者にその事実を知ってもらうため、法務局に登記を行うのが一般的です。

また、登記には登録免許税（債権額または極度額の0.4%）や、司法書士報酬等がかかります。

3点目。同一の不動産に、複数の（根）抵当権を設定することができます。

この場合、**登記の順位番号により、権利関係の優劣が決まります。**

ですから、不動産が競売にかけられて売れた場合のお金は、一番に登記をした人＝「第1順位の（根）抵当権者」から優先して支払われます（※）。

※ 同時に複数の金融機関が協調して融資する場合などは、同順位で設定することもできます。

▶ 抵当権と根抵当権

不動産担保には、抵当権と根抵当権があります。抵当権は、特定の融資を担保します。

つまり、担保される特定の融資を返済し終えれば、その抵当権も当然、消滅します。

例えば、個人で借りる住宅ローンは一般的に抵当権です。

一方、根抵当権は抵当権のように融資を特定せず、決められた上限額（極度額）の範囲内の融資を担保します。

ですから、借入の都度、法務局に登記する必要はありません。

事業を営むうえでは反復継続して融資を受けるので、根抵当権を設定するのが一般的です。

なお、根抵当権を抹消するには、実務上その金融機関からのすべての融資を完済することが条件になります。

▶ 不動産担保の差入れはメインバンクに

48ページ（項目12）で、メインバンクとの取引を大切にすべきであることをお伝えして、私なりのメインバンクの条件を4つ示しました。繰り返しになりますが、次のとおりです。

メインバンクの条件

①融資残高が一番多い。

②会社所有の土地・建物等がある場合、第一順位で担保に差し入れている。

③事業にかかわる支払〜仕入代金・社員の給与・各種経費など〜の振込依頼件数が一番多い。

④売上代金の振込入金が一番多く、結果として預金残高が一番多い。

　これら4つの中でも、②の「第一順位での担保差し入れ」は重要であると私は考えます。

　不動産担保を差し入れるタイミングとしては、会社の成長の過程で**本社や工場を購入・建設する際に、その土地と建物を担保に差し入れて、購入・建設の資金を借り入れる**というのが最も一般的であるかと思います。

　ですから、不動産担保を設定するなら、次のことを強くお勧めします。

不動産担保の設定

・金融機関は今後末永くお付き合いするメインバンク

・種類は根抵当権

・極度額は差し入れる不動産の時価評価額（ただし金融機関の承認が必要）

---

29 社長の連帯保証が付いていたら外す交渉をする

▶ 社長の連帯保証の問題点

私が横浜銀行に入ったばかりの頃、大企業のサラリーマン社長は別として、中小企業の社長はほぼ例外なく、会社が受ける融資の連帯保証をしていました。

会社が受ける融資の連帯保証をするということは、会社が借入の返済をできなくなったら、社長は自宅を売ってでも会社の借入の返済を肩代わりすることを意味します。

会社が苦境に陥っても、最後は社長個人が何とかするという仕組みであり、貸倒れを少なくしたい金融機関にとっては、とても都合のよいものです。

しかし、この「社長の連帯保証」は、一家離散、敗者復活のチャンスがなく新たな挑戦を阻害……など、さまざまな問題や批判を生み出しました。

また、連帯保証のプレッシャーを味わってきた経営者が、後継者（≒息子）には同じ思いをさせたくないと考え、自分の代で廃業するという事案もたくさん出ました。

その会社が長年築いてきた商品・サービスや技術力などは、継承されることなく無に帰し、経営者と苦楽を共にしてきた社員は慣れ親しんだ職場を失ったのです。

これらの事情を背景として、「経営者保証に関するガイドライン」が制定されました。

▶ 経営者保証に関するガイドライン

　経営者保証に関するガイドラインでは、融資を受ける際、経営者が連帯保証人とならなくてよい要件として、以下の3つを示しています。

①資産の所有やお金のやりとりに関して、法人と経営者が明確に区分・分離されている
②財務基盤が強化されており、法人のみの資産や収益力で返済が可能である
③金融機関に対し、適時適切に財務情報が開示されている

　そして、上記3要件のすべて、または一部を満たせば、事業者は経営者保証なしで融資を受けられる可能性があり、また、すでに提供している経営者保証を見直すことができる可能性がある、としています。
　また、上記3要件のうち、②の「財務基盤の強化」については、基準が明示されていないためわかりづらいのですが、37ページ（項目09）でも紹介した日本政策金融公庫が、次のような定量基準を設定しています。

　　以下の（a）〜（d）のいずれにも該当しない先
　　（a）　直近期において債務超過
　　（b）　直近2期において連続して減価償却前経常赤字
　　（c）　償還条件変更先
　　（d）　延滞先

　一言で申し上げて、大変緩やかな基準です（「債務超過」などの用語は140ページを参照）。

一方、あくまでガイドラインのため法的な拘束力はなく、関係者が自発的に尊重し、遵守することが期待されているに過ぎず、経営者保証を解除するかどうかの最終的な判断は金融機関に委ねられています。

▶ 連帯保証が付いていたら 後継者のためにも外す交渉を

　ここまでを踏まえ、本書をお読みいただいている社長方には、取引金融機関に現在の融資の保証人の状況を確認し、もし経営者等の保証が入っていたら、その保証を外すよう依頼することをお勧めします。

　もし、保証を外すことを認めてくれないのであれば、なぜ保証を外せないのか、どうしたら保証を外せるのか、を確認してください。

　金融機関の監督官庁である金融庁は、担保・保証に依存せず、企業の事業性評価に基づいて融資するよう金融機関を指導しています。

　社長自身のためにも、後継者のためにも、個人保証を外す交渉をしてください。

　※2022年（令和4年）11月1日、金融庁が「経営者保証」にかかる改正案を発表。
　金融機関が「経営者保証」を求める場合、経営者に対して、その客観的・合理的な理由を説明することを義務付ける等の改正で、2023年（令和5年）4月より適用する見通し。

---

30 マル保融資からスタートし、 プロパー融資を勝ち取る

▶ 融資取引はマル保からスタート

信用保証協会の保証が付いた融資を「マル保融資」と言います。

信用保証協会とは、中小企業等に対する融資の円滑化を目的として設立された公的機関です。

民間金融機関と新たに融資取引をする場合、少額のマル保融資から始め、徐々に実績を積み上げていくというのが一般的です（※）。

※日本政策金融公庫「国民生活事業」の融資は、マル保付きではありません。
（39ページ、項目09を参照）

マル保融資は、融資額の80％（一部100％）に信用保証協会の保証が付くので、金融機関としては融資しやすいのです。

万が一、会社が倒産した場合でも、マル保付きであれば融資残高の80％分を信用保証協会が代わりに返済し（＝「代位弁済」と言います）、金融機関は融資残高の20％分だけ負担すればよくなります。

▶ マル保は保証料がかかる

マル保は、民間金融機関と融資取引する際の心強い味方ですが、金融機関に利息を支払うほかに、信用保証協会に対しても保証料を支払わなければなりません。

保証料は金利に換算して、ザックリ年1％程度の支払いとなります。

マル保付きで融資を申し込む際には、どのくらいの保証料がかかるか、金融機関または信用保証協会に確認しておくとよいでしょう。

また、保証料は融資実行時に一括で支払うのが一般的ですが、分割で支払える場合もあります。

この点も、マル保付き融資の申し込み時点で確認しておくとよいでしょう。

　マル保融資は、後述するプロパー融資と比べると、申し込み書類が多く負担を感じるかもしれませんが、金融機関の担当者に助言を得ながら一気に書き上げてください。

　マル保融資は金融機関にとってもメリットがあるものですから、金融機関の担当者も懇切丁寧に助言してくれるでしょう。

▶ プロパー融資を勝ち取る

　マル保融資以外の融資を、「プロパー融資」と言います。

　民間金融機関と新たに融資取引をする場合、少額のマル保融資から始めるのが一般的ですが、保証料の支払い負担や、事業の発展に伴う必要融資額などを考慮すると、いつかはプロパー融資を勝ち取りたいところです。

　そこで、**プロパー融資の「はじめの一歩」を勝ち取る方法として、メインバンクに賞与資金のプロパー融資を申し込む**ことをお勧めします。

　賞与資金は、資金使途が明確なうえ、融資期間が短いという特徴があります。

　融資金をすぐに賞与の振込資金に充当すれば、資金使途違反は起こり得ません。

　また、次回の賞与支給日までに返済が終わっていることが必要なので、期間6か月という短期融資となります。

　資金使途・融資期間とも金融機関にとってはリスクが小さく、取り上げやすい融資です。

　なお、融資形態は「手形貸付、期間6か月、6回の元金均等返済」が一般的です。

　そして、賞与資金はあくまでプロパー融資の「はじめの一歩」です。これで満足してはいけません。

　目標はプロパー融資で、期間5年以上の長期運転資金を借りることです。

賞与資金のプロパー融資で取引実績を積んで、メインバンクとの信頼関係を強化するとともに、会社の業績を上げ、財務体質を強化するのです。

　そうすれば、必ず「長期運転資金のプロパー融資」が実現します。

31 │ マル保の限度額および根抵当権の「優先充当」「劣後充当」

▶ マル保融資の保証限度額

マル保融資には、「保証限度額」があります。

中小企業1社あたりの保証限度額は、中小企業信用保険における無担保保険の限度額8,000万円（＝無担保枠）と、普通保険の限度額2億円（＝有担保枠）を合わせた、2億8000万円となっています（※）。

※ これらの一般保証にかかる保証限度額とは別枠で、中小企業信用保険の特例措置に基づき創設された別枠保証にかかる限度額が設けられています。

このように、**マル保融資には「保証限度額」がありますが、限度額内であれば自動的に保証が下りるというわけではなく、信用保証協会の審査が通る必要があります。**

▶ マル保融資の無担保枠と有担保枠

マル保融資の無担保枠と有担保枠について、ケーススタディーで解説します。概要は次になります。

①メインバンクA行とK社の融資取引は次ページの表のとおり。
　なお、K社が融資を受けているのはA行だけ。

科目	融資残高	資金使途	備考
手形貸付	3000万円	経常運転資金	プロパー融資
証書貸付（ア）	100万円	店舗改装資金	プロパー融資 約10年前に「2000万円・期間10年」で融資。 あと6か月で完済
証書貸付（イ）	1800万円	長期運転資金	マル保付き融資（無担保枠） 6か月前に「2000万円・期間5年」で融資
合計	4900万円	―	

担保	約10年前の店舗改装資金融資時に、 A社所有の店舗（土地・建物）に根抵当権4000万円を設定

②今般、K社からA行に対して、資金繰り安定のため長期運転資金として2000万円の融資の申し込みあり。

③K社の業績は厳しく、A行はマル保付きでの融資を検討することにした。

　このような事例において、A行は、保証協会と事前協議します。

　マル保融資は、6か月前に協力した証書貸付（イ）1800万円と今回申込分2000万円で合わせて3800万円。

　この金額は、マル保の無担保枠8000万円の範囲内ですので、まずは無担保枠での保証承諾の可否を協議します。

　前述のとおり、無担保枠8000万円の範囲内だからといって、自動的に保証が下りるわけではありません。

　保証協会との事前協議において、6か月前に無担保枠で2000万円を協力したばかりであり（現在残1800万円）、直近の業況等も考慮すると、今回の2000万円については、無担保枠での保証は難しいという結果になったとします。

　すると、A行は次に、約10年前に設定した根抵当権4000万円を活用した、有担保枠での保証承諾の可否を協議します。

　有担保枠での保証については、「優先充当」と「劣後充当」という、社長が聞きなれない用語がキーワードになります。

▶ マル保の「優先充当」と「劣後充当」

　マル保の有担保枠での保証には、根抵当権の「優先充当」と「劣後充当」があります。

① マル保「優先充当」

　マル保「優先充当」とは、金融機関と保証協会の間の取り決めで、「債務者が返済不能に陥った場合に、金融機関が担保物件を競売して得た売却代金を、マル保融資の返済に優先充当する」というものです。

② マル保「劣後充当」

　マル保「劣後充当」とは、金融機関と保証協会の間の取り決めで、「債務者が返済不能に陥った場合に、金融機関が担保物件を競売して得た売却代金を、まず、取り決めどおりに金融機関のプロパー債権の返済に充当し、そのプロパー債権に劣後して、残額をマル保融資の返済に充当する」というものです。

　前述のケーススタディーの続きで、新たに2000万円（証書貸付（ウ））をマル保付き（有担保枠）で融資し、その1年後にK社が倒産したと想定します。

　優先充当と劣後充当のそれぞれの場合、A行にとって、回収額がどのようになるかを解説します。次の、（a）（b）（c）を前提とします。

（a）劣後充当の場合、「A行の手形貸付3000万円に劣後して充当する」という条件で保証承諾を得た。
（b）根抵当権設定物件の競売による売却価格は4000万円。
（c）K社が倒産した時点のA行との融資取引は次表のとおり。

K社が倒産した時点のA行との融資取引

科目	残高	資金使途	備考
手形貸付	3000万円	経常運転資金	プロパー融資
証書貸付（ア）	0円	店舗改装資金	プロパー融資、約11年前に「2000万円・期間10年」で融資。6か月前に完済
証書貸付（イ）	1400万円	長期運転資金	マル保付き融資（無担保枠）1年6か月前に「2000万円・5年」で融資
証書貸付（ウ）	1600万円	長期運転資金	マル保付き融資（有担保枠）、1年前に「2000万円・期間5年」で融資
合計	6000万円	—	—

担保	約11年前に店舗改装資金融資時に、A社所有の店舗（土地・建物）に根抵当権4000万円を設定

① 証書貸付（ウ）が「優先充当」の場合のA行の回収額

科目	残高	A行の回収額	備考
手形貸付	3000万円	2720万円	［プロパー融資］競売による売却代金4000万円から、保証協会が証書貸付（ウ）の1280万円を回収した後の残額2720万円を回収に充当
証書貸付（イ）	1400万円	1120万円	［マル保付き融資（無担保枠）］融資残高の80％（＝1120万円）を保証協会が代位弁済
証書貸付（ウ）	1600万円	1280万円	［マル保付き融資（有担保枠）］融資残高の80％（＝1280万円）を保証協会が代位弁済
合計	6000万円	5120万円	—

② 証書貸付（ウ）が「劣後充当」の場合のA行の回収額

科目	残高	A行の回収額	備考
手形貸付	3000万円	3000万円	［プロパー融資］ 競売による売却代金4000万円で 3000万円全額回収
証書貸付 （イ）	1400万円	1120万円	［マル保付き融資（無担保枠）］ 融資残高の80%（＝1120万円）を 保証協会が代位弁済
証書貸付 （ウ）	1600万円	1280万円	［マル保付き融資（有担保枠）］ 融資残高の80%（＝1280万円）を 保証協会が代位弁済 なお、保証協会は 競売による売却代金4000万円から、 A行が手形貸付3000万円を回収した 後の残額1000万円を回収に充当
合計	6000万円	5400万円	―

　<u>金融機関A行は、①の「優先充当」よりも、②の「劣後充当」のほうが有利であり、逆に保証協会にとっては、②よりも①のほうが有利です。</u>

　ですから、金融機関と保証協会との間では、優先充当、劣後充当のどちらにするか、あるいは劣後充当とする場合に、保証協会にとって劣後する、プロパー債権の範囲や金額をどうするか、などについて協議します。

　なお、「優先充当」、「劣後充当」とも、信用保証協会は根抵当権者ではありません。根抵当権者は金融機関（A行）のままです。

　不動産登記簿謄本を見ても、根抵当権者には金融機関（A行）の名前しか出ていませんし、根抵当権を信用保証協会に譲っているという記載もありません。

　また、保証協会から債務者に交付される通知書にも、担保のマル保充当に関する記載はありません。

▶ 根抵当権の枠空きはあるか

　マル保付きで大きな資金を調達する会社の社長には、ぜひ知っておいていただきたい知識と考え、かなり細かく解説しました。

　なかでも、社長に一番知っておいてほしいのは、**マル保融資を受けている会社で、プロパー融資額が根抵当権設定額よりも少額の場合、「根抵当権枠に余力があるから、いつでもプロパー融資を受けられる」と楽観してはならない**ということです。

　例えば、根抵当権4000万円に対して、プロパー融資3000万円、マル保融資3000万円の場合、「いざとなったら、根抵当権の枠空が1000万円あるので、プロパー融資1000万円を受けられるだろう」と楽観しないでください。

　マル保融資3000万円について、金融機関と保証協会との間で、根抵当権の優先充当、または劣後充当の取り決めがなされている可能性があります。

　マル保融資がある場合は、金融機関の担当者に、根抵当権のマル保充当の有無や状況を確認してください。

32 「折り返し融資」を積極的に申し込む

▶ 「折り返し融資」とは

項目09で、日本政策金融公庫「国民生活事業」の「折り返し融資」をお勧めしましたが、日本政策金融公庫「国民生活事業」に限らず、金融機関から受けるすべての長期融資について、「折り返し融資」をお勧めします。「折り返し融資」とは、マラソンの折り返し地点のように、融資を受けてから融資金の半分を返済したところで（＝期間が半分経過したところで）、新たに同額・同期間の融資を受け、同時に新しい融資で旧の融資を繰上げ返済する、というものです。

つまり、**実質的な資金調達額は、融資金額の「2分の1」になります。**
具体的な事例で説明します。

・融資金額3000万円、期間5年、毎月50万円×60回の元金均等返済で融資を受けます。
・約定どおりに返済し、2年6か月後には融資残高は当初の半分の1500万円になります。
・このタイミングで、当初と同じ「融資金額3000万円、期間5年、毎月50万円×60回の元金均等返済」の融資を申し込みます。なお、新たな融資で、旧融資の残高1500万円を返済することを条件として申し込みます。
・融資が承認され、新たな融資3000万円が実行され、同時に旧融資1500万円が返済されます。

したがって、手元資金は、「新融資3000万円 −旧融資返済1500万円」で、1500万円増えることになります。

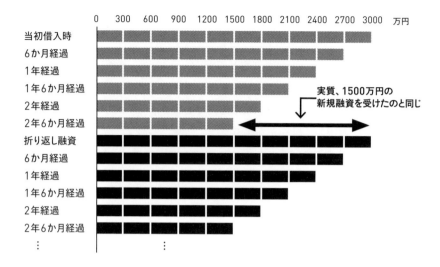

▶ 折り返し融資のメリット・デメリット

何と言っても、<u>折り返し融資の最大のメリットは融資が承認される可能性が高い</u>というところです。

当初の融資期間の半分の期間、順調に返済してきたという「返済実績」があります。

新たな融資は、当初の融資と同額・同期間ですから、毎月の約定返済額も同じです。

会社の業況に大きな変化がなければ、融資が承認される可能性は高いと言ってよいでしょう。

もし、会社の業況が多少悪化した場合でも、当初の融資期間の半分の期間、順調に返済してきたという「返済実績」は貴重です。

会社の業況が厳しい時こそ、手元のお金を確保する必要がありますので、そのような状況であれば、積極果敢に折り返し融資を申し込んでください。

また、当初融資を受けた時点より会社の業況が良い場合は、ぜひ「増額

での折り返し融資」を交渉してください。

次に、折り返し融資のデメリットについて説明します。
取り立ててデメリットはありませんが、あえて申し上げるなら、証書貸付の金銭消費貸借契約書に貼付する印紙の費用です。
前記の具体例は、融資金額3000万円でしたが、この場合であれば、一回の契約で2万円の印紙税がかかります。
当初の融資を5年で完済した後に、同額の融資を受ける場合と比べると、10年間で4万円、印紙税を多く支払うことになります。

▶ 折り返し融資の注意点

折り返し融資は、旧の融資を繰上げ返済することが条件です。
繰上げ返済の際に「違約金」が発生しないことを十分に確認してください（98ページ、項目24参照）。
また、旧の融資がマル保付きの場合、未経過分の支払済み保証料は原則として返戻されますが、念のため一連の手続き前に金融機関、または信用保証協会に確認してください。

結びに、会社側の心掛けについてお伝えします。
金融機関の担当者は多忙であり、長期運転資金を半分ほど返済した取引先に対して、能動的に折り返し融資を提案してくれることはあまり期待できません。
折り返し融資は、会社側が金融機関に打診するものと心得てください。
そして、交渉をスムーズに進めるためには、融資を受けた後、決算説明や月次試算表の提出などで、会社の状況を定期的に報告するという姿勢が必要です。

他行の支店長が土下座!?

　自動車整備業・中古車販売業を営むS社は、本社のある市のほか、その周辺の3市町に営業所を開設するなど、急成長中の会社でした。

　社長を務めるT氏は、エネルギッシュで率先垂範型のリーダー。銀行内で取得できる企業情報によると、都市銀行をメインバンクとし、ほかに県外に本店のある地方銀行、地元の信用金庫とも取引がありました。

　私は、粗削りながらも親分肌でバイタリティーがあり、社員の相談に対して即断即決で指示を出すT社長に好感を抱きました。T社長も私に対して、5年後のS社をどのような会社にしたいかなど、夢や計画を熱く語ってくれました。

　私は、ぜひ新規取引を開始したいと思い、まだ決算書をいただけていない段階でしたが、プロパー融資と保証協会融資の抱き合わせで、5000万円〜1億円の新規融資を提案しようと、和気あいあいの雑談の最中、提案のタイミングを探っていました。

　そんな時、T社長から思いもよらない衝撃の発言が飛び出したのです。

「メインバンクの〇〇銀行の担当者が約束を守らなかったので、支店長に事情説明を求め、その場で土下座させた」

　私は、平静を装いつつ、どう対応すべきか必死で考えました。

「T社長は、当行と融資取引を開始し、将来的には頼りにならない〇〇銀行に代わって、メインバンクになってほしいというサインを送っている」

「仮に、〇〇銀行側に落ち度があったとしても、土下座を要求するような相手と取引するのは危険だ。将来、当行が土下座を要求される側になるかもしれない。いや、その可能性は高い」

「S社と新規取引ができれば、私は目標達成だ。プロパー融資を見送って、保証協会付き融資での協力なら、何とかなるのではないか」

　このような声が、私の頭の中で交錯しました。そして、二人の会話はしばらく続きましたが、その場での新規取引の提案は見送りました。その後、営業車の中で、一人になって頭を冷やし、S社との新規取引を断念する決断をしました。

　金融機関は、目の前にニンジンをぶら下げられても、危ない橋は渡らない種族なのです。

※ コラム内容を考慮して、業種や取引金融機関などを変更しています。

社長が
知っておきたい
会計の知識

Chapter **4**

33 | 企業会計には「財務会計」 「税務会計」「管理会計」がある

▶ 社長に必要な会計知識を学ぶ

みなさんは「会計」と聞いて、どのような連想をするでしょうか。

お金の支払い、簿記の資格試験、財務分析……などさまざまな反応が予想されます。

社長が会社を経営するうえで、会計の知識は絶対に必要です。

しかし、実際に会計を体系的に学ぶ機会は、商業高校か、大学の商学部の授業くらいしかないと思われます。

会計を体系的に学んだことがない人にとって、会計は学んだことのない言語のようなものです。

日本語の「これはペンです」は、英語では「This is a pen.」。

では、スペイン語では？　言えなくて当たり前です。

母国語以外の言語は、学ばなければ絶対に読み書きできません。

それと同様に、会計を体系的に学んだことがなければ、財務諸表を読めなくても当然です。

また、会計を勉強しようと書店に行っても、資格取得のための「簿記3級勉強法」とか、銀行員のような企業を評価する人向けの「決算書の読み方」のような本が非常に多いです。

本書は、社長のための本であり、社長が知っておきたい会計の実務知識を体系的に、効率よくサクサク学べることを目指しています。

社長は、決算書を作成する人ではありません。自社の決算と同業他社の決算を比較する評論家でもありません。

社長は、日次／週次／月次／期次の会計データを読んで、会社の異変にいち早く気づく人であり、会社の将来を切り拓く人です。

このチャプターでは、**社長が会社を率いていくうえで、落とし穴に落ちないように、また安定的に利益を出すために、必要な会計知識を解説します。**

　私が横浜銀行在職中に身につけた知識もありますが、共同冷蔵㈱という中小企業の社長になって、初めて知った知識、本質的な意味を理解できた知識をたくさん盛り込んでいます。

▶ 企業会計の体系

　会社の経営に必要な企業会計には、「財務会計」「税務会計」「管理会計」の3つがあります。体系は、次のとおりです。

会計の種類	利用者		利用目的	利用者の目線
財務会計	会社の外部の利害関係者	株主や債権者投資家など	客観的かつ公正に、企業活動の実態を開示	過去
税務会計		税務署	客観的かつ公正に、税務申告書を作成	過去
管理会計	会社の内部	経営者	制度や法律の規制なく、主観的かつ自由に、経営戦略の意思決定や業績評価などに利用	将来

　企業会計という用語には明確な定義はありませんが、本書では表のように、「財務会計」「税務会計」「管理会計」の3種類すべてを包含したものと捉え、それぞれについて解説します。

なお、企業会計を狭く捉え、財務会計と同じ意味合いで使われることもありますので、ご承知おきください。

▶ 財務会計

財務会計とは、外部の利害関係者（株主・債権者・投資家など）に対して、会計基準を遵守して財務諸表を作成し、企業の財政状態と経営成績を、客観的かつ公正に開示することを目的とした会計のことです。

「財務諸表」とは、貸借対照表、損益計算書などを指します。

「貸借対照表」とは、決算日時点における、企業の資産、負債、純資産額を示すものです。

「損益計算書」とは、期首から決算日までの、収益と費用、およびその差額である利益を示すものです。

　財務諸表が作成され、企業の財政状態と経営成績が客観的かつ公正に開示されることによって、正しい投資判断のための情報提供や、株主と債権者の間の利害調整などが可能となります。

▶ 税務会計

税務会計とは、法人税などの税金を正確に計算することを目的とした会計のことです。

まず、財務会計で財務諸表を作成し、企業の財政状態と経営成績を開示します。

そして、財務会計で計算された利益を法人税の課税所得に変換するため、財務会計の収益と費用を法人税の益金と損金に調整していきます。

▶ 管理会計

管理会計とは、経営者が会社をマネジメントするために必要な情報をまとめた会計のことです。

任意に行う会計であり、厳密な定義や範囲はありませんが、一般的には**最適な経営戦略の策定や、納得性の高い業績評価などを目的としています。**

本書では、損益分岐点分析を取り上げていきます。

34 財務会計①
貸借対照表は、決算日の財政状態を示したもの

▶ 貸借対照表とは

貸借対照表とは、決算日における会社の財政状態を示したもので、決算日の一瞬をとらえた写真、静止画のイメージです。

英語では「Balance Sheet（バランスシート）　略してB/S（ビーエス）」と言います。

ちなみに、後述する損益計算書は、1年間の会社の経営成績を示したもので、1年間の活動を撮り続けたムービー、動画のイメージで、英語では「Profit & Loss Statement　略してP/L（ピーエル）」と言います。

▶ 貸借対照表の構造

まず、貸借対照表の「た」を、田んぼの「田」と考え、次の順番でマスを埋めていきます。

バランスシートの名のとおり、「田」の左側の合計値と右側の合計値は、常に一致（バランス）します。

① 「田」の左側の2つのマスには「資産」が入ります。

② 左上のマスの一番上が「現預金」（＝お金）となります。

③ 「田」の左上のマスには、「現預金」のほか、時間が経てば（おおむね1年以内に）お金に変わる資産、例えば販売前の商品などが入ります。これらを「流動資産」と言います。

④ 「田」の左下のマスには、すぐお金に換えるのは難しい資産、例えば営業車両や建物・土地などが入ります。これらを「固定資産」と言います。（※）

※ このほか「繰延資産」がありますが、本書では割愛します。

⑤ 右上のマスには、金融機関からの借入金など、外部に返済しなければならない「負債」が入ります。なお、支払期限1年以内を「流動負債」、1年超を「固定負債」と言います。

⑥ 右下のマスには、「資本金」と「利益剰余金」という、外部に返済する必要のない「純資産」が入ります。

以上を田んぼの「田」に入れていくと、下図のようになります。

流動資産 ・現預金 ・商品 など	負債 ・流動負債 ・固定負債
固定資産 ・営業車両 ・建物 ・土地 など	純資産 ・資本金 ・利益剰余金

合計値	＝	合計値

➤ 貸借対照表で財政状態の良し悪しを 見分けるポイント

前述の「田」で説明します。

左上のマスの一番上には現預金が入り、現預金の下に現預金以外の流動資産が入ります。左下のマスには固定資産が入ります。

この左側の上下の中で最も価値が高いのは、現預金です。

したがって、**左側は現預金が大きいほど（頭でっかちなほど）財政状態は良好**ということになります。

一方の右側。右上のマスに入る負債は、時期が来たら返済しなければなりません。

そして、右下のマスに入る純資産は、自己資本とも言われ、返済する必要がありません。この右側の上下の中で価値が高いのは純資産です。

したがって、**右側は純資産が大きいほど（下半身が重たいほど）財政状態は良好**ということになります。

右側の合計値に占める純資産の割合である「自己資本比率」は、企業の安全性を示す最も重要な指標です。

経済産業省「中小企業実態基本調査」の「令和2年度 全産業 加重平均値」で39.21％となっています。

私としては、39.21％という水準は予想外に高い水準であり、正直びっくりしています。

なお、純資産がマイナスになった状態を「債務超過」と言います。

ここまでの説明をわかりやすく示したものが、次ページの図表になります。

貸借対照表で会社の良し悪しがわかる！

良い会社の貸借対照表

頭でっかち

現預金	負債
現預金以外の流動資産	純資産
固定資産	

下半身が重たい

良くない会社の貸借対照表

頭小さい

現預金	負債
現預金以外の流動資産	
固定資産	
	純資産

下半身が軽い

※ 視覚的にわかりやすくするため、金額の多寡を各マスの縦線の長さで表しています。

35 | 財務会計②
貸借対照表の
左側（資産）か右側（負債）か

▶ 勘定科目を資産or負債に区別する

　社長は、「売掛金」「未収金」「未収収益」の違いや、「前受金」と「前受収益」の違いなど、勘定科目の違いを細かく理解する必要はありません。

　それらは、経理責任者が理解していればよいのです。

　<u>社長にとって必要なのは、その勘定科目が「資産」なのか、「負債」なのかを区別する力</u>です。

　この「区別する力」が、後述の「仕訳する力」に直結します。

　勘定科目には、売掛金と買掛金など、資産と負債で対をなすものが多く見られます。

　「資産と負債で対をなす」という特徴を把握して、資産と負債を区別する力を養ってください。

　整理すると次ページの図表のようになります。資産か負債かを区別しやすいと思います。

　また、次ページの図表に載せた勘定科目の定義を144ページにまとめました。

　私なりのザックリとした説明ですが、その勘定科目が「資産」なのか「負債」なのかを判別する際の一助としてください。

勘定科目を資産or負債に区別する

「資産」 「田」の左側のマスに 入れる科目	「負債」 「田」の右上のマスに 入れる科目
将来「お金」が入ってくるもの	将来「お金」を支払うもの
売掛金	買掛金
未収金（未収入金）	未払金
未収収益	未払費用
受取手形	支払手形
貸付金	借入金
立替金	預り金
前もって代金を支払ってあるので、 将来商品やサービスの提供を 受けられるもの	前もって代金を受領したので、 将来商品やサービスを 提供しなければならないもの
前渡金（前払金）	前受金
前払費用	前受収益
さしあたりお金を支払ったが、 将来正当な勘定科目に振り替わるもの	さしあたりお金を受領したが、 将来正当な勘定科目に振り替わるもの
仮払金	仮受金

勘定科目の定義

	資産		負債
売掛金	商品・サービスを販売後、いまだ代金を受け入れていないもの	買掛金	商品や原材料を仕入れたが、いまだ代金を支払っていないもの
未収金 （未収入金）	固定資産の売却など、営業活動以外の取引で、過去の代金をいまだ受け入れていないもの	未払金	消耗品等を購入したが、いまだ代金を支払っていないもの
未収収益	不動産賃貸で継続的に家賃収入を得ている場合などで、過去の代金をいまだ受け入れていないもの	未払費用	不動産賃貸で継続的に家賃を支払っている場合などで、過去の代金をいまだ支払っていないもの
受取手形	販売の対価として受け取った手形	支払手形	仕入の対価として振り出した手形
貸付金	取引先等への貸付金	借入金	金融機関等からの借入金
立替金	社員が負担すべきお金を一時的に会社が負担し、あとから返還してもらうもの	預り金	社会保険料や源泉所得税など、社員が負担するお金を会社が社員から一時的に預かり、のちに会社が支払いを代行するもの
前渡金 （前払金）	商品の仕入や継続的ではないサービスの提供を受ける前に、代金を前もって支払ったもの	前受金	商品・サービスを提供する前に、取引先から代金の支払いを前もって受け入れたもの
前払費用	家賃やリース料など、継続的なサービス提供を受けていて、将来の代金を前もって支払ったもの	前受収益	不動産賃貸で継続的に家賃収入を得ている場合などで、将来の代金を前もって受け入れたもの
仮払金	社員に旅費交通費、交際費、出張経費などを概算で、事前に仮に支払ったもの	仮受金	会社に詳細内容が不明の入金があった場合に、仮に受け入れたもの

▶ お金の調達方法を深掘りする

　会社はお金を調達し、そのお金を運用して利益を生み出すことを目的としています。

　お金を調達する方法は、「借りる」「もらう」「稼ぐ」の3通りです。

① お金を借りる

　まず「借りる」ですが、139ページの「田」の右上のマスの「負債」に該当します。

　勘定科目では、「短期借入金」「長期借入金」「買掛金」などが挙げられます。

　会社にとっては、約束どおりに返済する義務がありますが、まずはお金を借りることで、資金を調達することができるのです。

② お金をもらう

　次に「もらう」ですが、「田」の右下のマス「純資産」のうちの「資本金」に該当します。

　会社を設立する時や増資をする時に株主が出資したお金（※）で、会社にとっては「もらったお金」ということになります。

　「もらったお金」ですから、返済する必要はありませんが、利益が出たら株主には「配当」というカタチで利益の一部を還元します。

※ 株主が出資したお金には、「資本金」のほかに「資本剰余金」がありますが、
　本書では説明を割愛します。

③ お金を稼ぐ

　最後の「稼ぐ」ですが、「田」の右下のマス「純資産」のうちの「利益剰余金」に該当します。

　会社が利益を生み出すと、税金を支払い、税金を支払った後の残額で株主に配当し、さらに配当を支払った後の残額を「利益剰余金」として、会

社に貯め込みます。

　会社の内部に利益を留保することになるので、「内部留保」とも呼ばれます。

　内部留保と聞くと、「会社が貯め込んでいるお金」と勘違いする方がいます。

「内部留保」は、会社が利益を出してきっちりと納税し、株主に配当した後の残額を、会社設立以来コツコツと蓄えてきたのものなので、大変尊いものです。

　そして、全額お金として残っているわけではなく、商品などの流動資産や、営業車両や店舗の土地・建物などの固定資産など、さまざまなモノにカタチを変えているのです。

　以上、①「借りる」、②「もらう」、③「稼ぐ」、という3通りの方法でお金を調達し、「田」の左側2マスの「資産」に振り分けています。

36 │ 財務会計③ 損益計算書は 1年間の経営成績を示したもの

▶ 損益計算書とは

「損益計算書」とは、1年間の会社の経営成績を示したもので、1年間の活動を撮り続けたムービー、動画のイメージです。

英語では「Profit & Loss Statement（略称：P/L ピーエル）」と言います。

ちなみに、「貸借対照表」は決算日における会社の財政状態を示したもので、決算日の一瞬をとらえた写真、静止画のイメージです。

「損益計算書＝動画」「貸借対照表＝静止画」というイメージで、もう一度覚えておいてください。

▶ 損益計算書の構造

損益計算書とは、企業の1年間の経営成績を、「収益－費用＝利益」という、財務会計で最も重要な計算式で表したものです。

売上高を始点として、収益をプラス、費用をマイナスしながら、川の流れのように終点の当期純利益までを算出していくものです。

川の途中には、「売上総利益」「営業利益」「経常利益」「税引前当期純利益」という中間地点があり、終点の「当期純利益」にたどり着きます。

この川の流れを棒グラフ風に図示すると、次のようになります。

損益計算書の構造グラフ

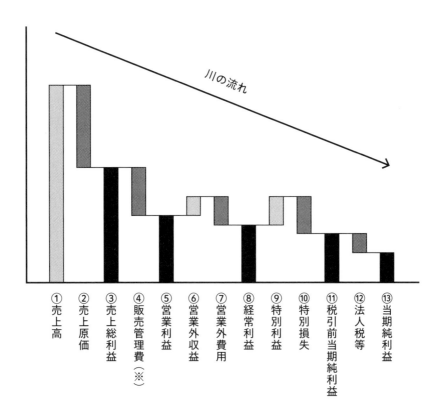

川の流れ

① 売上高
② 売上原価
③ 売上総利益
④ 販売管理費（※）
⑤ 営業利益
⑥ 営業外収益
⑦ 営業外費用
⑧ 経常利益
⑨ 特別利益
⑩ 特別損失
⑪ 税引前当期純利益
⑫ 法人税等
⑬ 当期純利益

※「販売管理費」は正式には「販売費及び一般管理費」と言いますが、長いので通常は「販売
　管理費」、さらに縮めて「販管費」と呼んでいます。本書では「販売管理費」を使用します。

また、この川の流れを表で示すと、下表のとおりです。

川の流れ
↓

売上高	①	本業の商品・サービスで得られる収益
売上原価	②	本業の商品・サービスを生み出すための費用
売上総利益	③＝①−②	―
販売管理費	④	本業の商品・サービスに関わる費用で、売上原価以外のすべての費用
営業利益	⑤＝③−④	―
営業外収益	⑥	本業以外で毎年経常的に得られる収益。受取利息など
営業外費用	⑦	本業以外で毎年経常的にかかる費用。支払利息など
経常利益	⑧＝⑤＋⑥−⑦	―
特別利益	⑨	毎年経常的には発生せず、臨時に発生する特別な収益。固定資産売却益など
特別損失	⑩	毎年経常的には発生せず、臨時に発生する特別な費用。固定資産売却損など
税引前当期純利益	⑪＝⑧＋⑨−⑩	―
法人税等	⑫	―
当期純利益	⑬＝⑪−⑫	―

さらに、この川の流れを、損益計算書の「そ」の文字になぞらえた絵で表すと、このようになります。

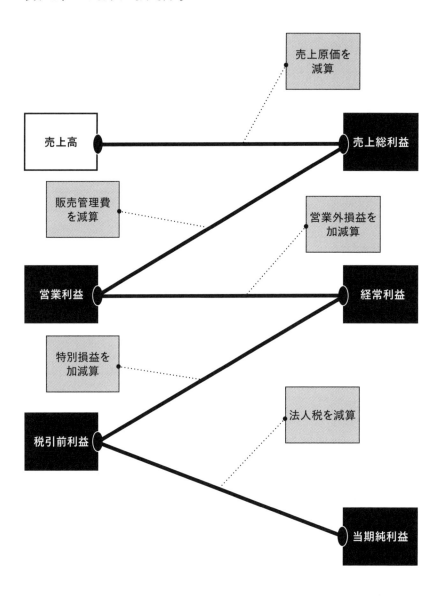

社長は、この川の流れを大きく捉えてください。

　特に川の途中と終点にある5つの「利益」がそれぞれ、「どの収益が加算され、どの費用が減算されてつくり上げられるのか」を理解してください。

37 | 財務会計④ 損益計算書で最重要なのは 「経常利益」

▶ 融資をスムーズに受けるには「経常利益」が最重要

損益計算書は、1年間の経営成績を5種類の利益で示したものです。

ただし、5つの利益は英語・国語・数学・理科・社会のようにそれぞれが独立した評価ではありません。

「売上総利益」⇒「営業利益」⇒「経常利益」⇒「税引前当期純利益」⇒「当期純利益」と川の流れのように、上流の利益が下流の利益に影響を与えます。

そして、5つの利益のうち、どの利益を重視するかは見る者の立ち位置によって異なりますが、「金融機関からスムーズに融資を受ける」という立ち位置においては、「経常利益」が最重要です。

また、売上高の何％の経常利益を上げられているかを示す「売上高経常利益率」は、企業の本業における収益力を示す最も重要な指標です。

経済産業省「中小企業実態基本調査」の「令和2年度 全産業 加重平均値」で3.25％となっています。

▶ 役員報酬の削減

オーナー系の中小企業の場合、業績が悪化したら役員報酬を減らしてください。

社長一族はこれまでの貯えなどを考慮して、可能な範囲で減額してください。

会社が危機に陥ったら、社長が格好つけている場合ではありません。

会社の業績回復のため、社長が当事者として真摯な対応をすれば、社員や金融機関など周囲の人々は、必ず社長を応援してくれます。

一方で、社員の給与削減は万策尽きた後の最終手段であると認識し、極力回避してください。

　概して、中小企業の社員は大した貯えはありませんし、現状の給与水準で何とかやり繰りしているというのが実態でしょう。

「俺も減らすから、みんなも減額を承知してくれ」は通用しません。

　今後、労働力人口が減少していく中で、会社にとって最も大切な社員を失うだけです。

　なお、役員報酬を減額または増額（減額した後に元の水準に回復）は、原則として事業年度開始日から3か月以内に、諸手続きを終えなくてはなりません（※）。

※事業年度開始日から3か月を過ぎてから役員報酬を減額する場合は、経営状況の悪化に伴い、第三者である利害関係者（株主、債権者、取引先等）との関係上、役員報酬を減額せざるを得ないという「業績悪化改定事由」を満たしている必要があります。
また、事業年度開始日から3か月を過ぎてから役員報酬を増額する場合は、増額部分については損金算入が認められません。

　したがって、役員報酬を減額または増額（減額した後に元の水準に回復）する場合は、顧問税理士とよく協議してから対応してください。

▶ 「上流の利益」を大きくする

「売上高」および、「売上総利益」「営業利益」「経常利益」については、諸々の収益・費用をどこに計上するかによって、金額が変わってきます（「税引前当期純利益」と「当期純利益」は変わりません）。

「上流の利益」が増えるだけで、「下流の利益」が減るわけではありません。ここでは、3点ほど事例を挙げます。

　これらは、収益・費用の計上場所の変更という帳簿上の調整であり、決して不正な粉飾ではありません。

「税引前当期純利益」と「当期純利益」は変わりませんが、<u>最重要と述べた「経常利益」のほか、「売上高」「売上総利益」「営業利益」が増えるということがあり得ます。</u>

みなさんの会社でも同じような事象があったら、顧問税理士と十分に協議のうえ、収益・費用の計上場所の変更を検討してください。

事例①

　商品廃棄の費用計上を売上原価から特別損失に変更し、「売上総利益」「営業利益」「経常利益」を増やす。

　商品や原材料の棚卸の結果、不良品を廃棄する場合、売上原価に計上しているが、不良品の廃棄は滅多に発生しないことなので、特別損失に計上を変更する。

　これにより、「売上総利益」「営業利益」「経常利益」が増える。

事例②

　退職金の費用計上を販売管理費から特別損失に変更し、「営業利益」と「経常利益」を増やす。

　役員および、社員の退職金を販売管理費（人件費）に計上しているが、退職金の支給は5年に一度程度であり、経常的に発生しないことから、特別損失に計上を変更する。

　これにより、「営業利益」と「経常利益」が増える。

事例③

　不動産賃貸の収益計上を、営業外収益から売上高に変更し、「売上高」「売上総利益」「営業利益」を増やす。

　遊休地を駐車場として得た「駐車場料金」を営業外収益に計上しているが、会社の定款の「会社の目的」に、不動産の賃貸事業を加えて本業の収益とし、売上高に計上を変更する。

　これにより、「売上高」「売上総利益」「営業利益」が増える。

38 | 財務会計⑤
減価償却費による
利益の変動に留意する

▶ 減価償却とは

　減価償却とは、会社が固定資産を購入した際、取得価額の全額を費用とせずに、耐用年数で分割して費用を計上していくことです。

　<u>経年劣化や損耗によって、時間の経過とともに価値が下がっていく固定資産に適用されます</u>。

　土地・借地権・書画・骨とう品などのように、時間が経過しても価値が劣化しないと判断されるものは対象外です。

　また、減価償却の対象となるのは、使用可能期間が1年以上、かつ取得価額が10万円以上の固定資産で、取得価額には運賃や設置費用などの付随費用も含まれます。

　先に、「損益計算書とは、1年間の経営成績を"収益－費用＝利益"という計算式で表すもの」と説明しました。

　財務会計には、「収益と、その収益に得るために必要とした費用は、極力、同一期間に計上すべき」という基本的な考え方があります。

　固定資産を取得すれば、収益は将来にわたって生み出されるので、「費用も取得時に一括計上するのではなく、将来にわたって計上する」というのが減価償却の基本的な考え方です。

　なお、減価償却については、かなり頻繁に制度の改定が実施されています。

　本書では、2022年（令和4年）11月時点の税制に基づいて、社長が知っておきたい知識をザックリと解説します。

▶ 定額法と定率法

減価償却の方法には、定額法と定率法があります。

定額法と定率法のイメージは、このようになります。

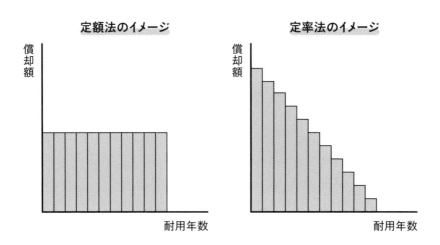

定額法のイメージ　　　　定率法のイメージ

「定額法」は、文字どおり耐用年数の期間中、毎年定額の金額を減価償却する方法です。

償却金額は、「取得価額×定額法の償却率」の計算式によって求められます。

一方、「定率法」は耐用年数の期間中、最初に多くの減価償却費を計上し、徐々に少なくする方法です。

償却金額は、「（取得価額−既償却額）×定率法の償却率」の計算式によって求められます。

なお、当たり前のことかもしれませんが、定額法と定率法のいずれを採用しても、累積の償却額は同額です。

▶ 定額法と定率法のどちらを採用するか

　2016年（平成28年）4月1日以降に取得した固定資産については、種類によって下表のとおり決まっています。

固定資産の種類	法定償却方法	備考
建物	定額法	―
建物附属設備	定額法	―
構築物	定額法	―
機械及び装置	定率法	何もしなければ定率法。「減価償却資産の償却方法の届出書」を税務署に提出すれば定額法も可
車両運搬具		
工具器具備品		
無形固定資産	定額法	―

　<u>機械及び装置、車両運搬具、工具器具備品については、何もしなければ定率法ですが、「減価償却資産の償却方法の届出書」を税務署に提出すれば定額法を採用することができます。</u>
　顧問税理士とよく相談して対応してください。

▶ 共同冷蔵㈱の事情

　私が社長を務める共同冷蔵㈱は、会社名のとおり、冷蔵・冷凍の倉庫業です。

　倉庫の新設や冷凍機の更新など、数年（数十年）に一度、多額の設備投資があり、また定期的に冷凍機器の大規模な点検や修理が必要である、という特徴があります。

　同じ倉庫業であっても、大企業であれば費用の計上を前倒しするほうがメリットがあるかもしれませんが、共同冷蔵㈱のような中小企業では、多

額の減価償却費、あるいは修繕費等の一括計上で、赤字決算に陥ることもあり得ます。

　したがって、共同冷蔵㈱では**顧問税理士と相談しながら、減価償却費や諸費用をなるべく平準化するような対応をしています**。

　このような見地から、共同冷蔵㈱の取組みを3点ほどお話しします。

　1点目は、定額法を採用することです。

　前述のとおり、機械装置、車両運搬具などは、定額法と定率法のどちらかを選択できますが、すべて定額法を採用しています。

　特に冷凍機器は大変高価ですので、定額法を採用し、取得初期の「激震」を緩和させています。

　2点目は、資産計上か費用計上かを厳密に判断することです。

　冷凍機器については、定期的に専門業者によるオーバーホールを実施しています。

　冷凍機器は大変高価であり、オーバーホールにもお金がかかります。

　会社の業況によっては、オーバーホールの支出を費用として一括計上すると、赤字決算に陥るということもあり得るため、資産計上できるものは減価償却資産としています。

　具体的には、オーバーホールの支出のうち、固定資産の使用可能期間の延長や、価値の増加をもたらす「積極的な支出」は、資産計上（固定資産の取得価額に加算）します。

　一方、固定資産の通常の維持管理や、価値の増加をもたらさない修繕などの「消極的な支出」は、修繕費として一括費用計上します。

　3点目は、取得価額と購入単位です。

　例えば、会議室に会議用テーブル1台と、椅子10脚を入れる場合、テーブルが8万円×1台＝8万円、椅子が5万円×10脚＝50万円、計58万円だったとして、どのように会計処理するかです。

この場合、各パーツは10万円未満ですが、「会議室のテーブルと椅子」という1セットと捉え、資産計上するのです。

　具体例として、共同冷蔵㈱では倉庫内の縦の空間を安全かつ有効に活用するために、スチールラックを購入しました。価格は一台1万円ですが、購入数量は1000台、取得価額は1000万円ということで、顧問税理士と相談し、資産計上しました。

39 | 財務会計⑥
在庫管理を厳格に行う

➤ 売上原価とは

売上原価とは、「当期に売り上げた商品の原価」のことです。

算式で表すと、「売上原価＝期首在庫＋当期仕入高－期末在庫」となります。

まずは、下記の事例で、実際に計算してイメージを膨らませましょう。

	数量
期首在庫個数　①	1,000個
当期仕入個数　②	5,000個
期末在庫個数　③	500個

売上原価 = 期首在庫 + 当期仕入高 － 期末在庫
= ①＋②－③ = 1,000＋5,000－500＝5,500個　となります。

この算式の意味するところを分解して説明します。商品は、すべて倉庫に保管されていると仮定します。

・期の初めに、倉庫の中には1,000個の商品が入っていました。……①
　当期中は取引成約の都度、倉庫から商品を出して、お客さまに届けます。
・在庫が少なくなり次第、商品を仕入れます。
　期を通じての仕入個数は5,000個でした。……②
・期末に倉庫の中の商品を数えたところ、500個ありました。……③

- もともと1,000個入っていて、期中に5,000個を新たに仕入れて倉庫に入れたので、何も売れなければ全部で6,000個あることになります。……①+②
- しかし、取引成約の都度、倉庫から出して期末には500個しか残っていないということは、6,000個から500個を差し引いた5,500個が倉庫から出ていったということになります。……①+②-③
- この5,500個を売上原価と見なします。

　回りくどい説明になりましたが、以上が売上原価を数量で把握する際の考え方です。

▶ 在庫管理の重要性

　会社の利益には、「売上総利益」「営業利益」「経常利益」「税引前当期純利益」「当期純利益」の5つの利益があり、「売上原価」は第1の利益である「売上総利益」の前に登場します（148〜150ページ、項目36参照）。

「売上高－売上原価＝売上総利益」……①
「売上原価＝期首在庫＋当期仕入高－期末在庫」……②

　①に②を代入すると、
「売上高－（期首在庫＋当期仕入高－期末在庫）＝売上総利益」……③

　したがって、<u>在庫の管理がいい加減ということは、「売上総利益」の管理がいい加減であり、ひいては経営全般がいい加減</u>ということになります。
　在庫管理の方法について、私が社長を務める共同冷蔵㈱の業務を例にして説明しましょう。
　共同冷蔵㈱では、業務の多角化の一環として「ひととせの雪」というかき氷屋さんを運営しています。

かき氷と言っても、水を凍らせた氷ではなく、イチゴやメロンなどの果肉・果汁を凍結したものを使用した「水を一切使用しない、果肉・果汁100％のかき氷」です。

　ですから、原材料にはかなりのお金をかけており、「在庫管理」が不可欠です。

　在庫管理は下記のように月次で行っています。例として、イチゴを記載していますが、ほかの果物も同様に在庫管理しています。

　○○には実際の数値が入ります。

共同冷蔵㈱の在庫管理方法

果物の種類	●月 理論値		
	当月販売個数	1個あたり使用量（g）	当月使用量（kg）
	①	②	③＝（①×②）／1000
イチゴ	○○個	○○g	45kg

果物の種類	●月 実際値			
	月初在庫量（kg）	当月仕入量（kg）	月末在庫量（kg）	当月使用量（kg）
	④	⑤	⑥	⑦＝④＋⑤－⑥
イチゴ	300kg	60kg	312kg	48kg

果物の種類	理論値と実際値のカイリ	
	⑧ ＝ ⑦－③	⑨ ＝ ⑦／③
イチゴ	＋3kg	106.67％

　⑨の数値を注視し、社内ルールとして110％以内に収まることを目安としています。

110％を超えた場合には、超えた理由を探っていきますが、在庫の数え間違いのことが多いです。

以上、在庫管理はとても大切です。

80、81ページ（項目20）で解説したとおり、粉飾決算の先は「倒産」しかなく、粉飾決算は絶対にやるべきではありませんが、その場しのぎで在庫を実際よりも多く計上して、赤字を黒字にするのは簡単です（いずれ絶対にバレますが）。

実際には、悪意のある粉飾決算よりも圧倒的に多いのは、「売上は上がっているが、商品や原材料などの在庫管理がいい加減で、はたして儲かっているかどうかよくわからない」というような状況ではないでしょうか。

もし、このような状況に心当たりがあるのであれば、在庫管理を厳格に行い、正確な利益管理ができる会社に生まれ変わってください。

▶ 在庫を数量から金額に変換する

在庫を数量から金額に変換するために、在庫の種類ごとに「数量」に「一単位あたりの取得原価」を乗じます。

ここでは、一単位あたりの取得原価について説明します。

一単位あたり取得原価の評価方法には、最終仕入原価法、個別法、先入先出法、総平均法、移動平均法、売価還元法と、全部で6種類の評価方法があります（※）。

※「個別法」、「先入先出法」、「総平均法」、「移動平均法」、「売価還元法」についての説明は、本書では割愛します。

そのうち、最終仕入原価法は「期末に最も近い時期に取得した時の仕入単価」を取得原価として計算する方法で、最も一般的な方法です。

税法上の評価方法は、最終仕入原価法です。したがって、税務署に何の手続きもしなければ、最終仕入原価法で在庫の評価を行います。

評価方法の変更は、その評価方法を採用してから、おおむね3年以上経過し、正当な理由がある場合に限り認められます。変更する場合は、変更承認申請書を税務署に提出する必要があります。

　ちなみに、共同冷蔵㈱では「最終仕入原価法」を採用しています。

40

財務会計⑦
残高試算表の構造を理解する

▶ 残高試算表の構造

　前期（＝当期期首）の貸借対照表をスタート台にして、残高試算表というツールを使って当期の取引を一つずつ加えていき、期末になったら期末時点の残高試算表を、当期の貸借対照表と損益計算書に分解します。

　当期末時点の残高試算表を当期の貸借対照表と損益計算書に分解する方法については、178ページ（項目42）からお伝えします。

　ここでは、残高試算表の構造を解説します。スタート台は前期（＝当期期首）の貸借対照表です。

　139ページ（項目34）で、貸借対照表を、「田」の文字の4マスで解説しました。

　これからの説明では、「田」の左側の2マスを合体し、166ページの上の図表のように示します。

　そして、166ページの下の図表のように前期の貸借対照表の左下に「費用」、右下に「収益」をくっ付けたものが残高試算表です。
「費用」は左側、「収益」は右側であることはとても大切です。

　また、左下に「費用」、右下に「収益」をくっ付けた後の左右の合計値は必ず一致します。

　つまり「資産＋費用」と「負債＋純資産＋収益」は、必ず同じになるということです。

前期の貸借対照表

資産	負債
	純資産

合計値 ＝ 合計値

当期の残高試算表

資産	負債
	純資産
費用	収益

合計値 ＝ 合計値

▶ 取引の仕訳

　当期に発生する諸々の取引を残高試算表に反映することを、「仕訳」と言います。

　社長に知っておいてほしい10パターンの「仕訳」については、次の項目で解説しますが、**仕訳をするうえで最も重要なのは、"左側と右側の合計値が一致することを常に意識する"**ということです。

　私は、仕訳をする時に、いつも2つのことを頭にイメージしています。

　1つ目は「天秤」です。いつでも天秤がつり合うように、左右の「分銅」の増減をイメージしています。

　仮に、つり合っている天秤の左側のお皿に10gの分銅を追加したとして、再びつり合わせるには、右側にも10gの分銅を足すか、左側にあった別の分銅を10g分取りのぞくという、どちらかの方法が必要であることをイメージします。

　2つ目は「数式の移項」です。

　数式は「＝」の左右で常にバランスしています。「A＝B」は「A－B＝0」です。

　Bを「＝」の右側から左側に動かすと、Bの符号は「＋」から「－」になる（正負の符号が逆になる）ということをイメージしています。

　社長は、日々の取引を仕訳して、残高試算表や貸借対照表・損益計算書を作ることが仕事ではありません。

　社長の仕事は、残高試算表や貸借対照表・損益計算書などを読みこなし、自社の危機をいち早く察知して危機から脱出したり、自社の成長と発展のために最適な方針を打ち出したりすることです。

　そのためには、ザックリでよいので「仕訳のツボ」を知っておくと、社長としての業務感度が高まります。

　ぜひ、次項目の10パターンで「仕訳」のしくみを理解してください。

41 財務会計⑧ 10パターンの「仕訳」を覚える

▶ 残高試算表のスタート台

それでは早速、社長に知っておいてほしい10パターンの「仕訳」を解説します。

なお、スタート台である前期の貸借対照表を下記のとおりとします。

前期の貸借対照表

現預金	6,400,000		買掛金	480,000
売掛金	2,000,000			
商品	960,000		資本金	10,000,000
敷金	1,200,000		利益剰余金	80,000
計	10,560,000	=	計	10,560,000

▶ 仕訳① 営業車両の購入

営業車両288万円を現金で購入しました。

次のページのとおり、現預金（資産）が288万円減り、営業車両（資産）が288万円増えます。

当期の残高試算表

現預金	6,400,000	買掛金		480,000
現預金 ①	△2,880,000			
売掛金	2,000,000			
商品	960,000	資本金		10,000,000
営業車両 ①	2,880,000	利益剰余金		80,000
敷金	1,200,000			
計	10,560,000	= 計		10,560,000

まず、残高試算表の左右の合計値が同じであることを確認してください。

ここで、仕訳を記載する場所について、説明します。

残高試算表を理解しやすくするため、**残高試算表の5つのマスである「資産」「負債」「純資産」「費用」「収益」のマスの場所を優先し、「減少」の場合は、そのマスの中でマイナス表示します。**

したがって、「営業車両288万円を現金で購入」の仕訳は、下記のようにAではなく、Bとします。

仕訳方法A				仕訳方法B	
営業車両	2,880,000	現預金	2,880,000	営業車両	2,880,000
				現預金 △2,880,000	

「現金288万円減少」の場合は、仕訳方法Aのように、現預金を右側に表示するのではなく、仕訳方法Bのように、左側の「資産」のマスの中でマイナス表示することとします。

以下、②から⑩までの仕訳は、該当する仕訳だけを順に示します。

176ページ掲載した図表「当期の残高試算表」には、①から⑩までのすべての取引を反映してありますので、後ほど確認してください。

▶ 仕訳② 社員の給料を支払い

社員2人の給料60万円を現金で支払いました。

次図のとおり、現預金（資産）が60万円減り、人件費（費用）が60万円増えます。

現金 ② △600,000	

人件費 ② 600,000	

▶ 仕訳③ 売掛金が現金化

前々月の売上高分の売掛金80万円が、指定の預金口座に振り込まれました。

次図のとおり、現預金（資産）が80万円増え、売掛金（資産）が80万円減ります。

現預金 ③ 800,000 売掛金 ③ △800,000	

▶ 仕訳④ 買掛金を支払い

前月の仕入れ分の買掛金48万円を支払いました。

次図のとおり、現預金（資産）が48万円減り、買掛金（負債）が48万円減ります。

現預金 ④	△480,000	買掛金 ④	△480,000

▶ 仕訳⑤ 金融機関から借入

金融機関から500万円を借り入れました。

次図のとおり、借入金（負債）が500万円増え、現預金（資産）が500万円増えます（借入時の利払いは省略します）。

現預金 ⑤	5,000,000	借入金 ⑤	5,000,000

▶ 仕訳⑥ 営業車両の減価償却

当期購入した営業車両（仕訳①）の減価償却を行います。

営業車両の法定耐用年数は6年です。

税務署に届出書を提出し（157ページ参照）、定額法で償却すると月額の減価償却費は、288万円÷（6年×12か月）＝4万円になります。

次図のとおり、減価償却費（費用）が4万円増え、営業車両（資産）が4万円減ります。

営業車両 ⑥	△40,000	

減価償却費 ⑥	40,000

　なお、減価償却費の会計処理方法には「直接法」と「間接法」があります。上記は「直接法」による会計処理で、固定資産の取得価額を直接減額します。

　一方の「間接法」は、資産の控除項目である減価償却累計額に間接的に計上する方法で、取得価額を減額せずに、減価償却累計額をマイナス表示します（間接法の仕訳の表示は省略します）。

▶ 仕訳⑦　借入金の返済

　当期借り入れた500万円の返済日に、元金138,000円と利息8,103円を支払います。

　次図のとおり、現預金（資産）が146,103円減り、借入金（負債）が138,000円減り、支払利息（費用）が8,103円増えます。

現預金 ⑦	△146,103		借入金 ⑦	△138,000	
支払利息 ⑦	8,103				

▶ 仕訳⑧　商品の仕入

　商品を掛けで仕入れます。仕入金額は120万円です。

次図のとおり、買掛金（負債）が120万円増え、仕入高（費用）に120万円を計上します。

	買掛金 ⑧	1,200,000
仕入高 ⑧　1,200,000		

▶ 仕訳⑨　商品の販売

商品を掛けで販売します。販売金額は200万円です。

次図のとおり、売上高（収益）が200万円増え、売掛金（資産）が200万円増えます。

売掛金 ⑨　2,000,000	
	売上高 ⑨　2,000,000

▶ 仕訳⑩　商品の棚卸

月末（期末）に商品の在庫を確認したところ、110万円ありました。

期首在庫は168ページのスタート台の【前期の貸借対照表】より96万円、当期仕入高は「仕訳⑧」の1回だけとして120万円とすると、

売上原価＝期首在庫＋当期仕入高－期末在庫＝96万円＋120万円－110万円＝106万円　となります。

そして、ここで、商品棚卸の仕訳のために、テクニックを使います。

算式の「売上原価」と「当期仕入高」は費用、「在庫」は資産で、残高試算表ではどれも「左側」の項目ですので、

売上原価＝期首在庫＋当期仕入高－期末在庫の右辺をすべて左辺に移項して、売上原価－期首在庫－当期仕入高＋期末在庫＝0として、この式を残高試算表に反映させます。

つまり次図のとおり、売上原価（費用）に106万円を計上し、期首在庫として商品(資産)を96万円減らし、仕入高（費用）を120万円減らし、期末在庫として商品（資産）を110万円増やします。

| 商品 ⑩ | △960,000 | |
| 商品 ⑩ | 1,100,000 | |

| 仕入高 ⑩ | △1,200,000 | |
| 売上原価 ⑩ | 1,060,000 | |

商品の棚卸は、仕訳のキモですので、期首の商品在庫と仕入時点の仕入高を含めて、次ページの図表を使って、もう一度説明します。

商品の棚卸

	残高試算表の左側			備考	
資産	商品	960,000	期首の在庫	相殺
	商品	△960,000	期首在庫を期末の棚卸時点でマイナス計上（※）	
	商品	1,100,000	期末在庫を期末の棚卸時点でプラス計上（※）	
費用	仕入高	1,200,000	期中に仕入れた時点で計上	相殺
	仕入高	△1,200,000	期中の仕入高を期末の棚卸時点でマイナス計上（※）	
	売上原価	1,060,000	期末の棚卸時点で計上（☆）	

※「売上原価 ＝ 期首在庫 ＋ 当期仕入高 − 期末在庫」
　⇔「売上原価 − 期首在庫 − 当期仕入高 ＋ 期末在庫 ＝ 0」
☆「売上原価 ＝ 期首在庫 ＋ 当期仕入高 − 期末在庫
　　　　　 ＝ 96万円 ＋ 120万円 − 110万円 ＝ 106万円」で算出

　以上、ここまで社長にも知っておいてほしい10の取引の仕訳の方法を解説しました。

　実際には、1年間には何千件という取引があるわけですが、おおむね10パターンのどれかのパターンに当てはまる仕訳かと思います。

　こうして、①から⑩までのすべての取引を個別に残高試算表に記入すると、次のページの上表のようになります。

　そして、①から⑩の取引が当期のすべての取引であると仮定して、勘定科目ごとに集約すると、次のページの下表となります。

　次の項目で、この期末時点の残高試算表を、当期の貸借対照表と損益計算書に分解します。

当期の残高試算表

現預金	6,400,000			
現預金 ①	△2,880,000		買掛金	480,000
現預金 ②	△600,000		買掛金 ④	△480,000
現預金 ③	800,000		買掛金 ⑧	1,200,000
現預金 ④	△480,000		借入金 ⑤	5,000,000
現預金 ⑤	5,000,000		借入金 ⑦	△138,000
現預金 ⑦	△146,103			
売掛金	2,000,000			
売掛金 ③	△800,000			
売掛金 ⑨	2,000,000			
商品	960,000			
商品 ⑩	△960,000		資本金	10,000,000
商品 ⑩	1,100,000		利益剰余金	80,000
営業車両 ①	2,880,000			
営業車両 ⑥	△40,000			
敷金	1,200,000			

人件費 ②	600,000			
減価償却費 ⑥	40,000			
支払利息 ⑦	8,103		売上高 ⑨	2,000,000
仕入高 ⑧	1,200,000			
仕入高 ⑩	△1,200,000			
売上原価 ⑩	1,060,000			

計	18,142,000	=	計	18,142,000

当期の残高試算表（勘定科目ごとに集約）

現預金	8,093,897		買掛金	1,200,000
売掛金	3,200,000		借入金	4,862,000
商品	1,100,000			
営業車両	2,840,000		資本金	10,000,000
敷金	1,200,000		利益剰余金	80,000

人件費	600,000			
減価償却費	40,000		売上高	2,000,000
支払利息	8,103			
売上原価	1,060,000			

計	18,142,000	=	計	18,142,000

▶ 売上原価は「棚卸計算法」で会計処理

「仕訳⑩」で、商品の棚卸の仕訳を説明しましたが、売上原価の会計処理について補足説明します。

売上原価とは、「当期売り上げた商品の原価」のことです。

当期売れた商品の売上高と、売れた商品の原価を紐づける方法には、「継続記録法」と「棚卸計算法」があります。

「継続記録法」では、商品を仕入れた時点で「商品」に計上し、商品が売れる都度、「商品」を減額し、「売上原価」を計上するという仕訳をします。

宝飾品など、高額で一品一品、在庫管理を厳格に行っている業界や、在庫管理システムが精緻に運用されている一部の大企業では、「継続記録法」が採用されています。

一方、「棚卸計算法」では、商品を仕入れた時点では「仕入高」に計上し、「期首（月初）の商品在庫」／「期中（月中）の仕入高」／「期末（月末）の商品在庫」の加減算で、「売上原価」を確定します。

多くの商品や原材料を日々取り扱っている会社においては、実務的に「継続記録法」で会計処理するのは困難であり、「棚卸計算法」が採用されています。

私の銀行員時代の経験を踏まえても、多くの中小企業では、「棚卸計算法」を採用していますので、「仕訳⑩」は棚卸計算法で解説しました。

ちなみに、共同冷蔵㈱でも棚卸計算法を採用しています。

共同冷蔵㈱では、前述の「かき氷店」の運営と、保冷剤の製造・販売を行っています。

かき氷の原材料である「凍結した100％果肉果汁」や、保冷剤の原材料である「不織布フィルム」や「ポリマー」は、「継続記録法」での会計処理は実質的に不可能です。

したがって、「棚卸計算法」を採用し、月次で精査しています。

42

財務会計⑨
残高試算表から貸借対照表と
損益計算書を作る

▶ 黒字の場合の貸借対照表と損益計算書

　前の項目で、「仕訳①〜⑩」の10の取引をすべて反映した残高試算表を作成しました。これを、「資産」「負債」「純資産」「費用」「収益」の5つのマスごとに金額を表示すると、下表のとおりになります。

当期の残高試算表 (黒字の場合)

現預金	8,093,897	買掛金	1,200,000
売掛金	3,200,000	借入金	4,862,000
商品	1,100,000		
営業車両	2,840,000	負債の計	6,062,000
敷金	1,200,000		
		資本金	10,000,000
		利益剰余金	80,000
資産の計	16,433,897	純資産の計	10,080,000

人件費	600,000	売上高	2,000,000
減価償却費	40,000		
支払利息	8,103		
売上原価	1,060,000		
費用の計	1,708,103	収益の計	2,000,000

総合計	18,142,000	=	総合計	18,142,000

次に、各マスの縦線の長さを金額の多寡で表すと、下記のようになります。

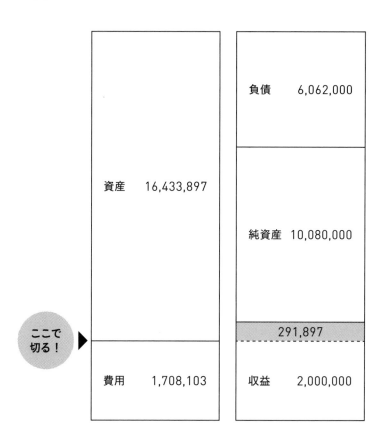

そして、上記の左側の「ここで切る」と表示された、「資産」と「費用」の境目で水平に切り取ると、その上部が貸借対照表となります。

収益2,000,000円から費用1,708,103円を差し引いた291,897円分が「純資産」に加算されます。

当期の貸借対照表（黒字の場合）

現預金	8,093,897	買掛金	1,200,000
売掛金	3,200,000	借入金	4,862,000
商品	1,100,000		
営業車両	2,840,000	**負債の計**	**6,062,000**
敷金	1,200,000		
		資本金	10,000,000
		利益剰余金	371,897
		純資産の計	**10,371,897**
【資産の合計】	**16,433,897**	**【負債と純資産の合計】**	**16,433,897**

> 前期の
> 80,000円に
> 当期の
> 291,897円が
> 加算される

　そして切り取った下部について、右側の「売上高」を先頭の行に置き、左側の費用を「売上原価」「販売管理費」「営業外費用」に分類して、先頭行の売上高から順番に下流にたどっていけば、下記のように損益計算書ができあがります。

当期の損益計算書（黒字の場合）

売上高	2,000,000
売上原価	1,060,000
売上総利益	940,000
販売管理費	640,000
人件費	600,000
減価償却費	40,000
営業利益	300,000
営業外費用	8,103
支払利息	8,103
経常利益	291,897

▶ 赤字の場合の貸借対照表と損益計算書

残高試算表の左側の「資産」と「費用」の境目で水平に切り取る、という工程以降を赤字の場合でもやってみます。

赤字の残高試算表を作るため、前項目の仕訳②の社員の給与支払い60万円を100万円に変更すると、期末の残高試算表は下記のとおりとなります。

当期の残高試算表（赤字の場合）

現預金	7,693,897		買掛金	1,200,000
売掛金	3,200,000		借入金	4,862,000
商品	1,100,000			
営業車両	2,840,000		負債の計	6,062,000
敷金	1,200,000			
			資本金	10,000,000
			利益剰余金	80,000
資産の計	16,033,897		純資産の計	10,080,000
人件費	1,000,000		売上高	2,000,000
減価償却費	40,000			
支払利息	8,103			
売上原価	1,060,000			
費用の計	2,108,103		収益の計	2,000,000
総合計	18,142,000	=	総合計	18,142,000

次に、各マスの縦線の長さを金額の多寡で表すと、下記のようになります。

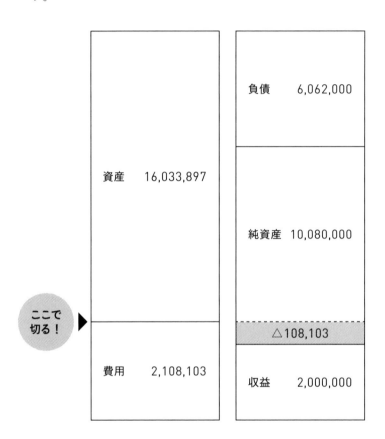

　そして、上記の左側「ここで切る」と表示された、「資産」と「費用」の境目で水平に切り取ると、その上部が貸借対照表となります（次ページ上の表）。

　収益2,000,000円から費用2,108,103円を差し引いた△108,103円分が「純資産」から減算されます。

当期の貸借対照表（赤字の場合）

現預金	7,693,897	買掛金	1,200,000
売掛金	3,200,000	借入金	4,862,000
商品	1,100,000		
営業車両	2,840,000	負債の計	6,062,000
敷金	1,200,000		
		資本金	10,000,000
		利益剰余金	△28,103
		純資産の計	9,971,897
【資産の合計】	16,033,897	【負債と純資産の合計】	16,033,897

> 前期の
> 80,000円から
> 当期の
> △108,103円
> が減算される

　そして切り取った下部について、右側の「売上高」を先頭の行に置き、左側の費用を「売上原価」「販売管理費」「営業外費用」に分類して、先頭の行の売上高から順番に下流にたどっていけば、下記のように損益計算書ができあがります。

当期の損益計算書（赤字の場合）

売上高		2,000,000
売上原価		1,060,000
売上総利益		940,000
販売管理費		1,040,000
	人件費	1,000,000
	減価償却費	40,000
営業利益		△100,000
営業外費用		8,103
	支払利息	8,103
経常利益		△108,103

➤ **まとめ**

残高試算表から貸借対照表と損益計算書を作る際に最も重要なのは、左側の「資産」と「費用」の境目で水平に切り取る、ということです。「左側から水平に切る」は、必ず覚えてください。

そして、黒字の場合は右側の「収益」の一部を切ってしまいますが、切ってしまった「上」の部分は、当期新たに生み出した利益として、貸借対照表の純資産にプラスされます。

また、赤字の場合は、右側の「純資産」の一部を切ってしまいますが、切ってしまった「下」の部分は、当期に発生してしまった損失として、貸借対照表の純資産からマイナスされます。まとめると下記になります。

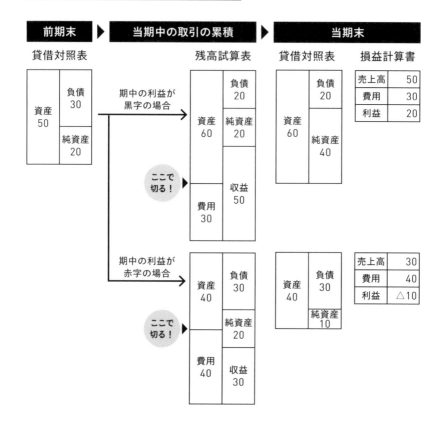

43 財務会計⑩ キャッシュフローで 会社の状態を把握する

▶ キャッシュフロー計算書

18ページ（項目02）で、「資金繰り表」とともに、「キャッシュフロー計算書」にも簡単に触れました。

どちらもお金の動きを説明する帳票で、主な目的等は下記のとおりです。

	主な目的	法的な位置づけ
資金繰り表	将来のお金の流れを予想する	作成義務なし
キャッシュフロー計算書	会社の過去の諸活動の結果としてのお金の流れや増減を説明する	大企業には作成義務があるが中小企業には作成義務はない

ここでは、「キャッシュフロー計算書」について説明します。

キャッシュフロー計算書は、中小企業には作成義務はありませんが、どこでどれだけお金を生み出し、どこでどれだけお金を使い、その結果お金の増減はどうなったかを知るための便利なツールです。

帳簿上の損益ではなく、お金の増減を把握するので、20ページ（項目03）で述べた「黒字倒産」を防いだり、安全経営のための「お守り」である手元資金を確保するのに役立ちます。

本書では、キャッシュフロー計算書の表示方法（直接法と間接法）や作成にかかる細かなルールには触れず、中小企業の社長方にもぜひ知ってほしい、キャッシュフロー計算書の読み方を中心に解説します。

▶ キャッシュフロー計算書の構造

キャッシュフロー計算書は、企業活動におけるお金の出入りを「営業活動」「投資活動」「財務活動」という3つの活動に区分し、それぞれの区分ごとに期中のお金の増減額を表示します。

① 営業活動キャッシュフロー

「営業活動キャッシュフロー」は、本業によるお金の出入りを表します。

損益計算書の「営業利益」よりも広範に捉え、後述の「投資活動キャッシュフロー」や「財務活動キャッシュフロー」に分類されない活動は、すべて「営業活動キャッシュフロー」に分類します。

営業活動キャッシュフローの活動事例は、以下のようになります。

プラスの活動	マイナスの活動
・現金での売上 ・売掛金の現金回収 ・受取利息・配当金の受入れ	・商品や原材料の現金仕入れ ・買掛金の現金支払い ・販売管理費の現金支払い ・支払利息の支払い ・法人税の支払い

損益計算書においては、「営業利益」より下流で扱う「受取利息・配当金の受入れ」（収益）や、「支払利息の支払い」（費用）、「法人税の支払い」（費用）を、営業活動キャッシュフローの活動に含めることに留意してください。

また、販売管理費の現金支出は、営業活動キャッシュフローの「マイナスの活動」ですが、減価償却費は現金支出を伴わない費用ですので、当然ながら対象外となることにも留意してください。

171、172ページの「仕訳⑥」で説明したとおり、減価償却費の仕訳相手は「△現金」ではなく「△営業車両」なので、減価償却費は現金支出を伴わない費用です。

そして、このことは「借入金の返済原資に、減価償却費を加算する」ということにつながっていきます(詳しくは225ページから、項目51参照)。

　営業活動キャッシュフローがプラスであれば、本業でしっかり稼げていることになります。

　一方、もし、**営業活動キャッシュフローがマイナスであれば、早急に改善しないと会社は存続できません。**

　営業活動キャッシュフローがマイナスということは、利益が出ない商品を売っている、あるいは利益が出ない売り方をしているということです。

　販売価格の値上げや、仕入費用・人件費等の費用削減を、早急に実施してください。

　また、**営業活動キャッシュフローと損益計算書の「利益と減価償却費の合計額」との間に大きなカイリがある場合は、帳簿上の利益は出ているが現金で回収できていない**ということを意味します。

　売掛債権や在庫の増加状況、不良化状況などを早急に点検してください。

② 投資活動キャッシュフロー

「投資活動キャッシュフロー」は、固定資産の購入や売却、有価証券の購入や売却などによるお金の出入りを表します。

　新たに設備を購入すればマイナスになり、設備を売却すればプラスとなります。

　成長に向けて積極的に投資すれば、投資活動キャッシュフローはマイナスとなりますので、投資活動キャッシュフローのマイナスは、決して悪いことではなく、むしろ良いことと捉えられます。

③ 財務活動キャッシュフロー

「財務活動キャッシュフロー」は、主に金融機関からの借入と返済によるお金の出入りを表します。

　新たに借りれば、お金が増えてプラス、既存の借入を返済すればお金が減ってマイナスです。

以上より、私が理想的と考えるキャッシュフローのイメージは下記のようになります。

活動	キャッシュフロー				
営業活動で、安定的に多くのお金を稼ぎ出し、	営業活動	+	フリーキャッシュフロー（※）		+
営業活動で稼いだお金の範囲内で、 将来の営業活動を拡大するための 設備投資を行い、	投資活動	−			
フリーキャッシュフロー（※）の余剰で、 既存の借入金の返済を約定どおり行うとともに、 新たな借入を積極的に行い、	財務活動	+			
手元のお金をたっぷり確保する	全体	+			

※ 営業活動キャッシュフローと投資活動キャッシュフローを合算して、
　「フリーキャッシュフロー」と言います。

▶ さまざまなキャッシュフローから 会社の状態を推測する

　営業活動、投資活動、財務活動の3区分それぞれの状況から、会社の状態を推測します。次ページの図表は私が想像した一例です。

　もっとピッタリくる例えがあるかもしれません。みなさんもご自身で考えてみてください。

営業・投資・財務活動のキャッシュフローから考えられる事例

事例	キャッシュフロー				会社の状態 あくまで著者が想像した一例（※）
	営業	投資	財務	合計	
①	+	+	+	+	本業では今のところ現金を生んでいる。 今後の経営環境の悪化に備え、低稼働資産売却と新規借入により手元現金を増やした。
②	+	+	−	+	本業では今のところ現金を生んでいる。 今後の経営環境の悪化に備え、低稼働資産を売却し借入金を減らした。 本業と資産売却で手元現金は増えた。
③	+	−	+	+	本業で順調に現金を生み出した。 業容拡大のために大規模な設備投資を行った。 設備投資に必要な資金は借入で対応し、手元現金は増えた。
④	+	−	−	+	本業で順調に現金を生み出した。 業容拡大のために設備投資を行った。 設備投資は借入を起こさず手元現金を充当したが、それでも手元現金は増えた。
⑤	−	+	+	−	業態転換で新たな市場に参入し、多額の営業コストをかけて手元現金を減らした。 従来の業態の資産を売却した。 新業態の立ち上げ資金は、旧資産売却代金を充当したが、不足分は借入れた。新業態の旺盛な資金需要で手元資金は減った。
⑥	−	+	−	−	業態転換で新たな市場に参入し、多額の営業コストをかけて手元現金を減らした。 従来の業態の資産を売却した。 新業態の立ち上げ資金は、借入を起こさず旧資産売却卸代金を充当した。新業態の旺盛な資金需要や借入金の返済で手元現金は減った。
⑦	−	−	+	−	急成長の市場に新規参入し、多額の営業コストをかけて手元現金を減らした。 新市場への参入に際し、設備投資も行った。 運転資金や設備資金を借入で対応したが、旺盛な資金需要で手元現金は減った。
⑧	−	−	−	−	前期に急成長の市場に参入したばかりで、当期も営業コストをかけて手元現金を減らした。 追加的な小規模の設備投資も行った。 設備投資は借入を起こさず手元現金を充当したため、手元現金は減った。

※「営業」「投資」「財務」「合計」と、「プラス（＋）」「マイナス（−）」の組み合わせのうち、
　「営業がプラスで合計がマイナス」と「営業がマイナスで合計がプラス」については省略しました。

44 税務会計
繰越欠損金制度を理解する

▶ 財務会計の「利益」と税務会計の「所得」は似て非なるもの

法人税は「利益」ではなく、「所得」に対してかかる税金です。

財務会計の「税引前当期純利益」と税務会計の「所得」は、似ていますが異なります。

財務会計とは、外部の利害関係者（株主・債権者・投資家など）に対して、企業の財政状態と経営成績を客観的、かつ公正に開示することを目的とした会計のことです。

一方、税務会計とは、法人税などの税金を正確に計算することを目的とした会計のことです。

前述のとおり、財務会計においては「収益−費用＝利益」という式で事業活動を説明します。

一方、税務会計においては、「益金−損金＝所得」という式で事業活動を説明します。それぞれの対応関係はこのようになります。

財務会計		税務会計
収益	⇔	益金
費用	⇔	損金
利益	⇔	所得

そして、当然のことですが、必ずしも「収益＝益金」、「費用＝損金」とはなりません。

例えば、資本金1億円以下の会社では、800万円を超える接待交際費は損金不算入（※）となるため、800万円を超えた部分は所得に加算されます。

※「損金不算入」とは、「財務会計における費用が税務会計における損金にならない」という意味です。

財務会計において、交際費の800万円超過部分（損金不算入額）は、費用としてマイナスされているので、超過部分を所得に加算するわけです。

社長方は、このような調整を経て税務申告されるということを知っておいてください。

細かなことは、顧問税理士や経理責任者に任せておき、社長方に知っておいていただきたいのは、次の「繰越欠損金」の仕組みです。

▶ 繰越欠損金（欠損金の繰越控除）とは

欠損金の繰越控除とは、ある事業年度に発生した赤字（欠損金）を一定年度にわたって繰り越して、税務会計上の黒字と相殺できる制度のことです。

過去の欠損金によって、当期や翌期以降の税務会計上の黒字を減らし、法人税を減らすことができるという、企業にとっては大変ありがたい制度です。

例えば、ある年度に繰越欠損金が1000万円発生したとします。

その後の年度の税務会計上の黒字が800万円だった場合、繰越欠損金1000万円のうち、800万円全額を損金に算入できますので、その年度の所得は0円となります。

そして、繰越欠損はまだ200万円残っているので、200万円は翌期以降に持ち越せます。

つまり、一定期間、欠損金の金額が尽きるまで、税務会計上の黒字と相殺できるのです。

法人税は、益金から損金を差し引いた課税所得に法人税率を乗じて算出されます。

当期に黒字が出たとしても前期以前の繰越欠損金を差し引けるため、課税所得が減り、法人税も減ります。

このように、繰越欠損金制度は実にありがたい制度ですが、「繰り越しできる期間」が定められているので、押さえておきましょう。

国税庁の表現は次のとおりです。

【 国税庁の繰越欠損金制度の表現 】
確定申告書を提出する法人の各事業年度開始の日前10年（注）以内に開始した事業年度で青色申告書を提出した事業年度に生じた欠損金額は、各事業年度の所得金額の計算上損金の額に算入されます。
（注）平成30年4月1日前に開始した事業年度において生じた欠損金額の繰越期間は9年です。

上記をわかりやすく言い換えると、こうなります。

・平成30年（2018年）4月1日以後に開始する各事業年度に生じた欠損金は最大10年間繰り越せる。
・平成30年（2018年）4月1日より前に開始した各事業年度に生じた欠損金は最大9年間繰り越せる。

資本金1億円以下の中小企業等であれば、欠損金は全額、繰り越しできます。

なお、複数年で繰越欠損金が発生している場合は、古い繰越欠損金から順番に控除でき、繰越期間内に控除しきれなかった繰越欠損金は切り捨てられるという仕組みになっています。

▶ 特別損失で赤字を計上して会社を強くする

繰越欠損金の制度を上手に活用して、会社の競争力を高める方法として、例えば次のようなことなどが考えられます。

最新設備を導入
⇒旧設備の除却損（特別損失）で赤字を計上
⇒以後、最長10年間、最新設備で上げた利益を繰越欠損金と相殺

この方法ですと、財務会計においては1期だけ特別損失による赤字が発生しますが、以後は最新設備の力によって本業で稼ぐ力が強化され、安定的に利益を上げ、純資産（利益剰余金）を復元することができます。

いいこと尽くめのようですが、1つだけ注意が必要です。

特別損失を計上して当期利益が赤字になると、純資産が減ります。

このため、純資産の少ない会社が多額の特別損失を計上して当期利益を赤字にすると、純資産を減らし、場合によっては債務超過に陥る可能性もあります（140ページ、項目34参照）。

したがって、特別損失による赤字の計上によって、どの程度、純資産を毀損するかが判断のポイントになります。

また、「棚卸資産」「貸付金」「土地・建物」「機械設備」などさまざまな資産の中で、含み損がある資産を処分して、特別損失を計上することは、実態バランスシート改善の観点から検討に値します（234ページ、項目53参照）。

5年後、10年後も盤石な経営を目指し、顧問税理士や経理責任者等と十分に協議してみてください。

45 管理会計①
公式を使わない損益分岐点分析

▶ 管理会計は精緻さよりも戦略性を重視

管理会計とは、経営者が会社をマネジメントするために必要な情報をまとめた会計のことです。

会社の内部で任意に行う会計であり、厳密な法律やルールに基づいて作成されるものではありません。

<u>戦略性を際立たせるために、自由に柔軟にザックリと作成してよいもの</u>です。

本書では、損益分岐点分析を取り上げます。

▶ 損益分岐点分析は公式を使わない方法で

損益分岐点分析とは、財務会計で最も重要な計算式である「収益－費用＝利益」において、「損」と「益」が分岐する点、すなわち「損」でも「益」でもない「利益ゼロ」の状態を知り、それを経営に活かそうという分析です。

<u>収益（≒売上高）と費用の増減により、利益がどのように変化するかをシミュレートし、最も効果的に利益を増やす方策を見つけ出すためのツール</u>です。

損益分岐点分析は、よく「損益分岐点売上高＝固定費÷（1－変動費率）」のような公式に、与えられた数値を代入して解く計算問題のように扱われて、本質を見失いがちです。

本書では、<u>損益分岐点分析の本質を理解できる</u>ように説明していきます。

その代わり、中学の数学で習った2つを思い出してください。

① 「$y = ax + b$」という直線の式
② 2本の直線の交点を求める連立方程式

　一度、思い出してもらえば、公式を暗記するよりも絶対にラクです。
　まずは、次に示す「固定費」「変動費（率）」「限界利益（率）」という用語を覚えましょう。

▶ 固定費、変動費（率）、限界利益（率）とは

「固定費」とは、売上高の増減に関係なく一定にかかる費用です。主な固定費としては、人件費、減価償却費、地代・家賃などがあります。
「変動費」とは、売上高に比例して増減する費用です。主な変動費としては、原材料費、販売手数料などがあります。
「変動費率」とは、売上高に占める変動費の割合です。
「限界利益」とは、売上高から変動費を差し引いた利益です。
「限界利益率」とは、売上高に占める限界利益の割合です。

　これらの関係を図示すると、下図のようになります。
　この図を使って、「売上高」「変動費」「限界利益」「固定費」「営業利益」の5つの対応関係を覚えてください。

※各マスの縦線の長さが各項目の多寡を示します。

▶ 費用を固定費と変動費に分解する

費用を固定費と変動費に分解するには、ある程度の割り切りが必要です。

例えば、正社員の定例給与は固定費だが、売上が好調で残業が発生したら残業手当分は変動費に計上すべきとか、追加受注で工場の機械の稼働時間が延長になったら、延長分の電気代は変動費に計上すべきとか……。厳密に考え始めると、先に進めなくなります。

そもそも、本項目の冒頭でお伝えしたとおり、損益分岐点分析は管理会計であり、厳密性よりも戦略性を優先してよいのです。

そこで割り切って、勘定科目ごとに固定費か変動費に分ける方法が一般的です。

次の表は、中小企業庁の「中小企業の原価指標」で示された、変動費に分類する勘定科目です。下表の勘定科目以外はすべて固定費に分類します。

変動費に分類する勘定科目

【製造業】	「直接材料費」/「買入部品費」/「外注費」/「間接材料費」/「その他直接経費」/「重油等燃料費」/「当期製品仕入原価」/「期首製品棚卸高−期末製品棚卸高」/「酒税」
【卸売業】	「売上原価」/「支払運賃」/「支払荷造費」/「支払保管料」/「車両燃料費の50%」/「車両修理費の50%」/「保険料の50%」
【小売業】	「売上原価」/「支払運賃」/「支払荷造費」/「支払保管料」
【建設業】	「材料費」/「労務費」/「外注費」/「仮設経費」/「動力・用水・光熱費（完成工事原価のみ）」/「運搬費」/「機械等経費」/「設計費」

※著者が中小企業庁「中小企業の原価指標」を一部加工

▶ 変動損益計算書を作成する

財務会計の損益計算書を、固定費と変動費という概念で書き換えた損益計算書のことを、「変動損益計算書」と言います。財務会計の損益計算書

と管理会計の変動損益計算書の関係は、次のとおりです。

財務会計／損益計算書				管理会計／変動損益計算書	
売上高	①	=		売上高	①
△売上原価	②	≠		△変動費	②
売上総利益	③=①−②	≠		限界利益	③=①−②
△販売管理費	④	≠		△固定費	④
営業利益	⑤=③−④	=		営業利益	⑤=③−④
+営業外収益	⑥				
△営業外費用	⑦				
経常利益	⑧=⑤+⑥−⑦				
+特別収益	⑨				
△特別損失	⑩				
税引前当期純利益	⑪=⑧+⑨−⑩				
△法人税	⑫				
当期純利益	⑬=⑪−⑫				

▶ 損益分岐点グラフ

損益分岐点グラフを理解するうえで必要なのは、次の①〜⑤です。
グラフと見比べながら確認してください。

①横軸（x軸）を売上高、縦軸（y軸）を費用（または利益）として、$y = x$の直線を引きます。

この直線は、「売上高＝費用」、つまり「利益＝0」の直線であり、損益一致直線と呼びます。

②次に、固定費をb、変動費率をaとすると、総費用直線は、$y = ax + b$で表されます（aを傾き、bを切片　と言います）。

③次に、$y = x$ と $y = ax + b$ の交点「損益分岐点」を求めます。①と②の連立方程式を解くと、

$$\begin{cases} y = x \cdots\cdots\cdots\cdots ① \\ y = ax + b \cdots\cdots ② \end{cases}$$

②に①を代入して、$x = ax + b$ ⇔ $x - ax = b$ ⇔ $(1-a)x = b$ ⇔ $x = b／(1-a)$ となります。

したがって、交点の「損益分岐点」＝$b／(1-a)$＝固定費／(1－変動費率) となります。

これだけ理解すれば、公式を覚えなくても、損益分岐点分析に関わるすべての計算が可能です。

④売上高が、損益分岐点よりも大きければ（右側ならば）、損益一致直線と総費用直線に挟まれた部分が利益となり、損益分岐点よりも小さければ（左側ならば）、損益一致直線と総費用直線に挟まれた部分が損失となります。

⑤損益一致直線 $y = x$ の傾きは「1」です。

グラフで確認できますが、変動費率（角度a）＋限界利益率（角度c）＝1＝100％となります。

損益分岐点グラフ

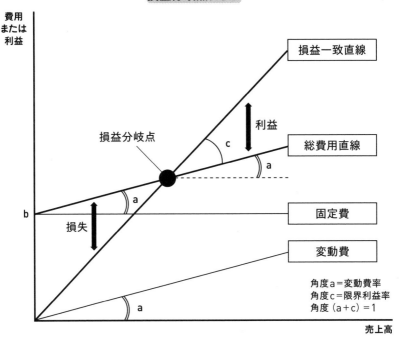

損益分岐点グラフを使って、売上高と利益の関係を視覚的にイメージすることによって、経営戦略を策定する力が養われます（チャプター6を参照）。

実際には、売上が大幅に減少すれば固定費も減るはずですし、売上が増加すれば変動費率は低減するはずですが、細かいことに拘らず、**「精緻さ」よりも「戦略性」を重視する**というのが管理会計の在り方です。

管理会計を活用して、大胆な戦略性を身につけましょう。

46 | 管理会計②
損益分岐点グラフを描く

▶ 変動損益計算書を作成する

自社の費用を勘定科目ごとに固定費と変動費に分解して（196ページ参照）、変動損益計算書を作成し、自社の損益分岐点グラフを描いてみましょう。

この項目では、下記の変動損益計算書を事例に使って損益分岐点グラフを描いていきますので、自社の損益分岐点グラフを描く際の参考にしてください。

売上高　①	101
変動費　②	39
限界利益　③＝①ー②	62
固定費　④	51
営業利益　⑤＝③ー④	11

損益一致直線 ($y=x$) と売上高101の縦線の記入

直線$y=x$と売上高101の縦線を引きます。

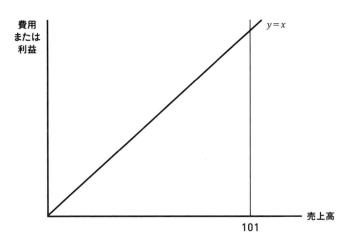

売上高101の縦線の上に総費用90の点を記入

変動費39と固定費51を合計した総費用90の点を、売上高101の縦線上に記入します。

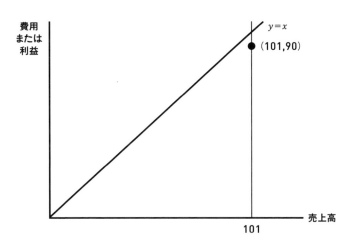

総費用直線 = $\dfrac{39}{101}x + 51$ を記入

　固定費の51は、y軸の切片になります。

　変動費率は、売上高に占める変動費の割合ですから、分数で表すと「$\dfrac{39}{101}$」です。

　これは直線式の傾きであり、「右横に101動いたら、上に39動く」ということです。

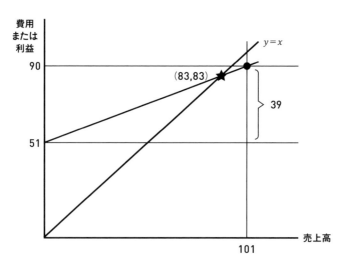

▶ 損益分岐点売上高の算出

　上記のグラフの2本の直線の交点が損益分岐点です。

　2本の直線の連立方程式で交点を求めると、以下のとおりです。

$$
\begin{cases}
y = \dfrac{39}{101}x + 51 \quad\cdots\cdots\cdots ① \\[2ex]
y = x \quad\cdots\cdots\cdots\cdots\cdots\cdots\cdots ②
\end{cases}
$$

①に②を代入して、連立方程式を解きます。

$$x = \frac{39}{101}x + 51$$

$$\Longleftrightarrow \quad x - \frac{39}{101}x = 51$$

$$\Longleftrightarrow \quad \frac{101-39}{101}x = 51$$

$$\Longleftrightarrow \quad x = \frac{101 \times 51}{101-39} \fallingdotseq 83$$

　前ページの図表の★が示すとおり、損益分岐点売上高は83です。

　これは、現在の売上高101が18減って、83になっても赤字には陥らない、ということを意味します。

47 　管理会計③ 損益分岐点分析を経営に活かす

▶ 利益を増やすための方策

ここで、先ほどの損益分岐点グラフを再掲します。

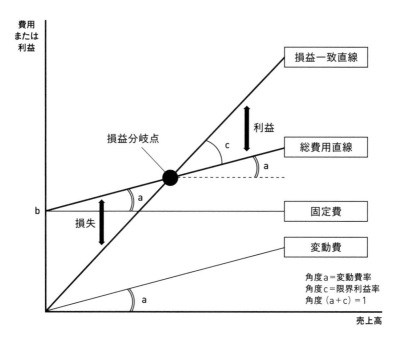

このグラフで「損益」は、「損益一致直線」と「総費用直線」で挟まれた部分です。

そして、損益分岐点の右側が「利益」、左側が「損失」となります。「利益」「損失」とも、太い縦の上下矢印で描かれています。

右側の「利益」の上下矢印は、どうしたら伸びるでしょうか。

答えは、次の4つです。

① 売上高を増やす	売上高が右に動くにつれ、縦の上下矢印も右側に移動して伸びる
② 固定費を減らす	固定費の横線が下がるにつれ、縦の上下矢印は下に伸びる
③ 変動費率を下げる	総費用直線の傾きが小さくなるにつれ、縦の上下矢印は下に伸びる
④ ①～③の合わせ技	上記3つを組み合わせる

　利益を増やすために、これら①～④のどれを採用するか……。

　最も適切な回答を導けるのは、外部の識者ではなく、会社経営の最終責任者である社長である、と私は考えています。

　社長を中心にして、会社の幹部や将来を託せる若手リーダーを巻き込んで、熱く議論してください。

▶ 「固定費型企業」と「変動費型企業」

　総費用に占める固定費の割合が大きい企業を「固定費型企業」、変動費の割合が大きい企業を「変動費型企業」と言います。

　まず、下記の事例を使って、それぞれの損益分岐点グラフを描き、特徴を明らかにしましょう。

固定費型企業と変動費型企業の事例

	変動費率	固定費	総費用直線	損益分岐点売上高
固定費型企業	20%	60	$y = \dfrac{2}{10}x + 60$	75
変動費型企業	80%	15	$y = \dfrac{8}{10}x + 15$	75

　固定費型企業・変動費型企業それぞれの損益分岐点グラフは、次のようになります。

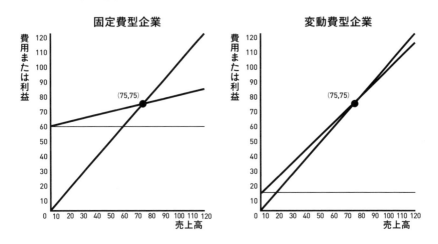

固定費型企業・変動費型企業の損益分岐点グラフ事例

この事例では、固定費型企業・変動費型企業ともに、売上高が75の時、損益は±0であり、売上高が増減した場合の損益の変化はこのようになります。

固定費型企業・変動費型企業の損益の変化表

	売上高	50	55	60	65	70	75	80	85	90	95	100
損益	固定費型企業	△20	△16	△12	△8	△4	0	4	8	12	16	20
	変動費型企業	△5	△4	△3	△2	△1	0	1	2	3	4	5

▶ 「固定費型企業」と「変動費型企業」の特性を踏まえた経営

上記のグラフや表から、固定費型企業は、売上高の増減による儲け（損失）の変動幅が大きい「ハイリスク・ハイリターン型」、一方の変動費型企業は、売上高の増減による儲け（損失）の変動幅が小さい「ローリス

ク・ローリターン型」である、ということがわかります。

　固定費型企業は、事業を始めるにあたって多額の設備投資が必要な業種で、ホテル・旅館業や、テーマパーク、鉄道・航空、倉庫業などが該当します。

　固定費型企業の特徴としては、以下のようなものが挙げられます。

・売上高の多寡による利益のブレが大きいので、経営のリスクは相対的に高い
・初期投資の負担が大きく、新規参入障壁が高いので、同業者間の競争は限定的
・「変動費率が低い＝限界利益率が高い」ので、「売上」と「継続的に取引をしてくれる顧客」が大切
・季節的に顧客の少ない時期などには「値引き」も有効な営業戦略

　私が社長を務める共同冷蔵㈱も、典型的な固定費型企業です。

　倉庫が荷物でいっぱいでも空っぽでも、電気代は同じです。荷物の出し入れがたくさんある日も、ほとんどない日も、人件費は同じです。

　倉庫や冷凍機などの設備には、多額の資金が必要で、減価償却費も多額です。

　正直、銀行員時代は「売上高よりも利益を重視」と考えていたのですが、共同冷蔵㈱の経営においては、「利益を上げるためには、まず売上！」と考えています。

　一方、変動費型企業は、事業を始めるにあたって多額の設備投資は必要ありませんが、仕入などの変動費がかかる業種で、卸売業および小売業や、生産設備を持たないファブレスという形態の製造業などが該当します。

　変動費型企業の特徴としては、次のようなものが挙げられます。

・売上高の多寡による利益のブレが小さいので、<u>経営のリスクは相対的に低い</u>

・初期投資の負担が小さいので新規参入障壁が低く、儲かる事業であるとの風評が広まると新規参入者が増え、<u>同業者間の競争が激しくなる</u>

・「変動費率が高い＝限界利益率が低い」ので、<u>売上原価や販売管理費の削減が大切</u>

・限界利益率が低いので、<u>「値引き」販売は赤字に陥る可能性が高い</u>

　これらの固定費型企業と変動費型企業の特徴をまとめると、次ページのようになります。

固定費型企業と変動費型企業の特徴

	固定費型企業	変動費型企業
経営リスク	ハイリスク・ハイリターン	ローリスク・ローリターン
同業者間の競争	新規参入障壁が高いので、同業者間の競争は限定的	新規参入障壁が低く、同業者間の競争は激しい
経営戦略のポイント	売上と継続取引顧客の獲得	売上原価や販売管理費の削減
値引き販売	閑散期には有効	赤字に陥る可能性が高い

私たちにとって預金は「資産」、
金融機関にとって預金は「負債」?

　私たち事業会社にとって、預金は資産であり、金融機関からの借入金は負債です。貸借対照表では、下表のように表示されます。見慣れた貸借対照表ですよね。

資産の部	
預金	○○○円
売掛金	

負債の部	
借入金	○○○円
買掛金	

純資産の部	
資本金	

　それでは金融機関の貸借対照表において、金融機関が私たちから受け入れた預金と私たちへの貸出金は、どのように表示されるのでしょうか。答えは下表です。

資産の部	
貸出金	○○○円

負債の部	
預金	○○○円

純資産の部	
資本金	

　金融機関にとって、私たちから受け入れた預金は負債であり、一方、私たちへの貸出金は資産なのです。金融機関は、お金が余っている私たちから「預金」というカタチでお金を借りているのです。その金利を「預金金利」といい、現在、0.0……%というとても低い金利になっています。一方、「預金」というカタチで借りて集めたお金を、お金を必要とする事業会社等に貸し出しているのです。その金利を「貸出金利」といい、現在、おおむね0%台〜2%台という低水準になっています。そして、金融機関の最大の収益が、「貸出金利」から「預金金利」を差し引いた「利ざや」で得られる収益なのです。

　見慣れない貸借対照表だと思いますが、金融機関にとって、私たちから受け入れる預金は「負債」であり、私たちへの貸出金は「資産」です。

　この仕組みがわかれば、少し身近に感じることができるのではないでしょうか。

金融機関の
融資審査の
ポイント

Chapter 5

48 審査の第一関門は 「定性評価」

▶ 定量評価と定性評価

　金融機関が会社から融資の申し込みを受けて審査する場合、「定量評価」と「定性評価」の2つがあります。
「定量評価」とは、会社から提出された、貸借対照表、損益計算書、残高試算表などに記載された「数字」によって、会社を評価することです。
「定性評価」とは、社長の人柄、業歴、株主構成など、「数字」に表せない項目によって、会社を評価することです。
　一般的に「定量評価」と「定性評価」については、総合評価の内訳と捉えられています。
　そして、"定性評価2〜3割、定量評価7〜8割"くらいの評価ウェイトと考えられていることから、金融機関の審査は決算書類の数字によって、おおむね諾否が決まると思っている社長も多いと思います。
　しかし私の見解では、<u>中小企業の融資審査は、「定性評価が1次評価、定量評価が2次評価」</u>というほうが、金融機関の現場感覚に近いです。
　イメージとしては下図のとおりです。

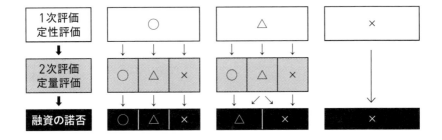

上場企業は、よほどのカリスマ経営者でもない限り、社長の顔は見えません。有価証券報告書の数字を拠り所とした「定量評価」が中心となります。

一方、中小企業は何と言っても社長の存在感、影響度合いは大きいものですし、その傾向は、特に規模が小さい、業歴が浅いほど顕著です。

また、後述のとおり、定量評価に使う決算書類は、やろうと思えば、粉飾して見栄えをよくすることができます（いずれ必ずバレますが）。

以上より、<u>中小企業の社長は、絶対に「定性評価」を軽視しないでください</u>。

▶ 金融機関が重視する定性評価

金融機関だからと言って、特別な評価をしているわけではありません。

定性評価項目の一覧表があって、一項目ずつ採点しているわけではありません。どちらかと言えば、全体像を大づかみするという、学生時代の「友達選び」に近い感覚です。

要は、<u>社長個人が誠実で約束を守る人かどうか、また、社員を含めて信頼するに値する会社かどうかを見ています</u>。

定性評価の項目と、その見方を次ページに列挙します。

【社長個人に関すること】

①社長の性格・資質・経歴
  →本質的な真面目さをよく見ます
  →社長の顔色や声色から、体と心の健康状態をよく見ます
  →学歴は「無いよりあったほうがよい」という程度で見ます
  →今の地位に就くまでの職歴をよく見ます

②社長の企業会計の理解度
  →本書の「決算説明」の項目（69ページ）にある、「できる限り社長が説明する事項」を説明できることが期待されます

③社長の家族
  →すべてを開示する必要はないですが、適度な開示はあったほうがよいです
  →プライベートが「謎」だと金融機関は腰を引きます
  →後継者が決まっていたら、金融機関は安心します

④社長の資産背景
  →自宅等不動産が自己所有か賃借かを見ますが、それほど重視していません
  →自金融機関に預金口座等があるか、あれば残高はどれくらいなのか、ある程度見ています
  →自金融機関以外の、どこにどのくらい金融資産を預けているか、ある程度の関心を持っています

⑤社長の人脈・交友関係
  →ネガティブな情報については、かなり重視します

⑥社長の風評（業界内や地域内）
  →ネガティブな情報については、かなり重視します

【社長個人以外のこと】

⑦社員
  →電話の応対や会社訪問時の接遇態度などを見ます
  →会社訪問時の社員の雰囲気（なごやか・殺伐・颯爽・だらしない・覇気の有無等）をよく見ます
  →社員の定着度合いを見ます
  →会社内の整理整頓状況やトイレの清潔度などを見ます

⑧経理責任者の能力
  →日頃、接点を持つ経理責任者の企業会計にかかわる能力を見ます
  →金融機関側から依頼した事項への対応力（内容とスピード）を見ます

⑨株主構成
  →オーナー系会社であるか否かを見ます
  →社長および社長直系一族の持ち株比率を見ます

⑩業歴や事業変遷
  →業歴や事業内容の変遷を見ます

⑪金融機関との関係
  →金融機関（特にメインバンク）と、
    友好的な関係が保てているかをよく見ます

⑫販売先や仕入先
  →特定の1社（数社）に集中している場合は、その会社との取引の継続可能性を見ます

⑬業界内・地域内での優位性
  →業界内や地域内における競合上の地位や優位性を見ます

49 | 自己資本比率で安全性をみる

▶ 決算書を入手したら最初に見るのは？

金融機関は、すでに融資取引のある取引先からは定期的に決算書を入手できますが、新たに融資取引を推進中の会社からはなかなか決算書を入手できません。

ですから、新規取引推進先から決算書を入手できたら、金融機関の担当者は大喜びです。

そして、最初にチェックするのは……。「損益計算書の経常利益」と答える社長が多いかもしれませんが、違います。

最初に見るのは「貸借対照表の自己資本比率」です。

▶ 自己資本比率は会社設立以来の努力の結晶

貸借対照表の中で自己資本比率は最も重要ですので、改めて解説します。

次ページの図のとおり、会社は貸借対照表の右側でお金を調達し、そのお金で販売する商品を仕入れたり、営業車両を購入したりします。

そして、仕入れた商品や営業車両などは、左側の資産に計上されます。

貸借対照表の右側のお金の調達手段は、次ページの表のとおり3つあります。

総資本に占める自己資本（＝純資産）の割合が高い、つまり自己資本比率が高いということは、事業に必要な資産の多くを「返さなくてもよいお金」で賄えているということです。

これは、お金を貸す金融機関の立場で見れば「安全性の高い会社」ということです。

特に、利益剰余金は一夜にして貯まりません。

会社を設立した後、毎期コツコツと利益を出して、税金と配当を支払い、

自己資本比率

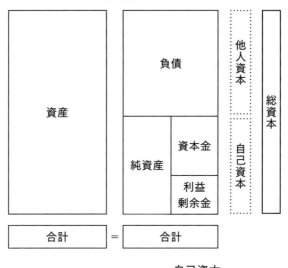

貸借対照表

※ 自己資本比率 $= \dfrac{\text{自己資本}}{\text{総資本}}$

お金の調達手段

お金の調達手段	貸借対照表の右側との対応関係		備考
① 借りる	買掛金 借入金など	負債 （＝他人資本）	他人から借りたお金で返済する義務あり
② もらう	資本金	純資産 （＝自己資本）	株主からもらったお金で返済義務なし 儲かったら配当で報いる
③ 稼ぐ	利益剰余金		会社が稼いだ利益から税金と配当を差し引き、残ったお金を会社に貯め込む。当然ながら返済義務なし

残りを蓄えてきたものです。

会社の業績が悪化して赤字を計上すれば、それまで蓄えてきた利益剰余金を吐き出すことになります。ですから、自己資本比率は「会社設立以来の会社の努力の結晶」と言える数値なのです。

▶ 自己資本比率の向上にも種類がある

219ページに示した表と図は、前期と当期の負債と純資産の変化を表しています。当期はA・B・Cの3通りあり、いずれの場合も自己資本比率は30％から40％に向上しています。

しかし、業績には大きな違いがあります。

まず、Aのケースです。

利益剰余金が前期の20→30に10増加し、負債が70→60に10減少したことによって、自己資本比率が40％に向上しました。

利益剰余金が10増加したということは、利益を10計上したということです。会社は順調に経営されています。

次に、Bのケースです。

資本金を前期の10→20に10増資し、負債が70→60に10減少したことによって、自己資本比率が40％に向上しました。

一方、利益剰余金は±0ですので、当期の利益は±0ということです。

利益が±0と業況は厳しく、さらなる業績悪化を予想し、先手を打って増資し、負債を減らしたものと考えられます。

次に、Cのケースです。

負債が前期の70→42と大幅に削減されています。

資産を売却し、売却代金を負債の返済に充当しました。

また、利益剰余金が2減少していますので、今期は△2の赤字ということです。

結果的に自己資本比率は40％に向上しましたが、ここ数年厳しい業況が続いており、資産を売却して負債を減らし、さらなる業績悪化に備えたものと考えられます。

自己資本比率向上の3つのケース

		前期	当期					
			A		B		C	
				前期比		前期比		前期比
負債	①	70	60	△10	60	△10	42	△28
純資産 ②=③+④		30	40	10	40	10	28	△2
資本金 ③		10	10	0	20	10	10	0
利益剰余金 ④		20	30	10	20	0	18	△2
総資本 ⑤=①+②		100	100	0	100	0	70	△30
自己資本比率 ⑥=②／⑤		30%	40%	+10%	40%	+10%	40%	+10%

自己資本比率向上の3つのケース（図示）

前期

資産 (100)	負債 (70)
	資本金 (10)
	利益剰余金 (20)

自己資本比率 $\dfrac{30}{100} = 30.0\%$

当期A

資産 (100)	負債 (60)
	資本金 (10)
	利益剰余金 (30)

自己資本比率 $\dfrac{40}{100} = 40.0\%$

当期B

資産 (100)	負債 (60)
	資本金 (20)
	利益剰余金 (20)

自己資本比率 $\dfrac{40}{100} = 40.0\%$

当期C

資産 (70)	負債 (42)
	資本金 (10)
	利益剰余金 (18)

自己資本比率 $\dfrac{28}{70} = 40.0\%$

いかがでしょうか。

　単に「自己資本比率が30％から40％に向上した」といっても、内実は大きく異なる可能性があるのです。

　ですから、<u>金融機関は真っ先に自己資本比率を見た後に、純資産額、資本金、利益剰余金について、前期の貸借対照表と比較して増減をチェックする</u>のです。

50 | 経常利益で稼ぐ力をみる

▶ 5つの利益のうち最重要は「経常利益」

損益計算書の「利益」は5つあります。

これら5つの利益の中で、金融機関が融資審査で最も重視するのは「経常利益」です。

不定期に（まれに）発生する、特別利益と特別損失を除外して経常的な（普段の）稼ぐ力を見ています。

	利益	=	収益	−	費用
①	売上総利益	=	売上高	−	売上原価
②	営業利益	=	売上高	−	売上原価 販売管理費
③	経常利益	=	売上高 営業外収益	−	売上原価 販売管理費 営業外費用
④	税引前 当期純利益	=	売上高 営業外収益 特別利益	−	売上原価 販売管理費 営業外費用 特別損失
⑤	当期純利益	=	売上高 営業外収益 特別利益	−	売上原価 販売管理費 営業外費用 特別損失 法人税

▶ 経常利益を「時系列で」「分解して」見る

　金融機関は、経常利益を単年度では見ていません。3〜5期間の推移を見ます。

　さらに、経常利益の計算式に登場する売上高や売上原価、販売管理費などの中身を細かく分解して、会社がそれぞれの期にどのように活動したか、どのような努力をしたか、を細かく分析します。

　そして推移を観察して、大きな変化があった項目については、変化の理由を確認します。

　会社が発展していくためには、借入金の返済原資となる利益を着実に計上していく必要があります。

　厳しい経済環境下、中小企業にとって必要な水準の経常利益を確保するためには、絶え間ない努力が必要です。

　金融機関は、その期の努力の結晶である「経常利益」が、どのような努力によってもたらされたのかを細部まで分析し、評価するのです。

　一方、会社にとっては、経常利益を確保するために日々努力し、途中経過を定期的に確認しなければなりません。

　また、必要であれば自社の活動方針を軌道修正していく、という経営姿勢が求められるのです。

　この「経営状態の定期的な確認と経営方針の軌道修正」については、チャプター6のメインテーマとなります。

　次ページの表は、金融機関が内部で作成する融資審査書類のイメージです。

金融機関の融資審査書類イメージ

	(n-4)期	(n-3)期	(n-2)期	(n-1)期 ①	n期 ②	増減 ②-①	備考
売上高							
A事業							
B事業							
C事業							
売上原価							
A事業							
B事業							
C事業							
売上総利益							
販売管理費							
○○費							
□□費							
△△費							
◎◎費							
その他一括							
営業利益							
営業外収益							
営業外費用							
経常利益							
売上高 経常利益率							

▶ 売上高経常利益率で「稼ぐ力」の変化を見る

売上高経常利益率とは、売上高に対する経常利益の割合です。

$$売上高経常利益率 \quad = \quad \frac{経常利益}{売上高}$$

経済産業省「中小企業実態基本調査」の「令和2年度 全産業 加重平均値」で3.25％となっています。

金融機関は、売上高経常利益率の推移を目で追って、会社の「稼ぐ力」がどのように変化しているかを見ています。

51 債務償還年数で 返済能力をみる

▶ 債務償還年数とは

債務償還年数とは「借入金を何年で返済できるか」ということです。

金融機関は融資の審査時に、債務償還年数＝「借入金」÷「返済するための元手」の計算式で、債務償還年数を算出します。

金融機関によって、算出の仕方が幾分か異なることもあるかと思いますが、本書では社長に知っておいてほしい概念をザックリと説明します。

説明にあたっては、計算式を構成する「借入金」と「返済するための元手」の定義を明確にする必要があります。

▶ 計算式の分子の「借入金」

計算式の分子の「借入金」について説明します。

すべての借入金から、「社長個人からの借入金」、「経常運転資金」、「現預金」を控除した金額を使用します。

まず、「社長個人からの借入金」ですが、返済しなくても咎められない借入ですから、実質的に資本金と見なし、計算上の「借入金」から控除します。

次に、「経常運転資金」について説明します。

「経常運転資金」は「売上債権（売掛金＋受取手形＋棚卸資産）－ 仕入債務（買掛金＋支払手形）」で求められます。

経常運転資金

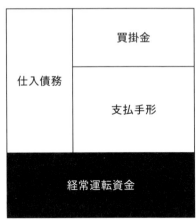

※各マスの縦線の長さが各項目の金額の多寡を表します

　事業を営むうえでは、現金商売でない限り、売上の入金までに一定の時間がかかります。

　一方、売上の入金がある前に、原材料や商品の仕入資金を支払う必要があります。

「経常運転資金」とは、このようにお金の入りと出のタイムラグによって生じる必要資金のことです。

　経常運転資金に対応する借入金は、売上債権が現金化されれば一旦は返済できますが、事業存続のためには仕入債務の支払いにお金が必要ですから、一旦返済しても再度借入れを起こすことになります。

　このように、経常運転資金の範囲内で、借入と返済が繰返し発生し、その借入は「利益」ではなく、現金化した売上債権によって返済されるものなので、債務償還年数の計算において「経常運転資金」を控除します。

　次の「現預金」は、本書でお勧めしている会社経営における「ゆとり」です。

　債務償還年数を算出するうえでは、手元の現預金を全額返済に充当した

後の「実質的な債務額」の償還年数を算出するという考え方をとりますので、債務償還年数の計算において「現預金」を控除します。

▶ 計算式の分母の「返済するための元手」

計算式の分母の「返済するための元手」について説明します。

「経常利益」＋「減価償却費」－「法人税」で計算されます。

この式を、下記の損益計算書で確認してみます。

売上高	
△売上原価	この中に工場の製造設備等の【減価償却費】が含まれている
売上総利益	
△販売管理費	この中に本社社屋等の【減価償却費】が含まれている
営業利益	
＋営業外収益 △営業外費用	→経常的に発生する、受取利息・配当金の受入れ　など →経常的に発生する、支払利息の支払い　など
【経常利益】	
＋特別利益 △特別損失	} 経常的には発生しない、特別な損益
税引前 当期純利益	
△【法人税】等	
当期純利益	

「利益」は「経常利益」を採用します。

営業外で経常的に発生する「受取利息・受取配当金」などの営業外収益や、「支払利息」などの営業外費用を含めます。

また、「特別利益」と「特別損失」は経常的には発生しない特別な損益であり、返済原資に加減算するとブレが大きくなるので除外します。

　次に、「減価償却費」は、171、172ページの「仕訳⑥」で説明したとおり、「現金の支出を伴わない費用」であり、返済原資として見込めますので加算します。

　また、「法人税」は会社の利益が外部に出ていくものなので、返済原資から減じます。

　法人税は「経常利益×35％」で計算するのが一般的です。

▶ 債務償還年数は何年が適当か

　以前、金融機関には、「10年以内なら良好」「15年以内ならギリギリ許容範囲」「15年以上だと借入過多の問題企業」……のような、一律の尺度、目安がありました。

　多額の初期投資を要するなどの業種ごとの特性は、あまり考慮されなかったのです。

　その結果、リスケ依頼時に提出する経営改善計画書（83ページ、項目21参照）を作成する際など、返済期間を10年（〜15年）に収めるのに必要な利益を算出し、そこから逆算して売上や費用削減の計画を立てるようになってしまいました。

　当然ながら、このような経営改善計画は「絵に描いた餅」であり、好ましいものではありません。

　金融機関もこのような経験を踏まえ、より柔軟に、個別の事情を考慮して審査するように進化してきています。

　以上より、「<u>一律的に望ましい債務償還年数というのはない</u>」というのが私の結論です。

　ただし、この債務償還年数の考え方が無意味というわけではありません。

　自社の債務償還年数を算出して、自社の経営における借入の返済負担を実感し、

①現在の利益率・利益額は、自社が末永く存続していける水準か

②将来、大型設備を導入する際に、必要な融資を受けられる財務体質に
なっているか

　これらを、社長を中心に経営幹部でよく話し合い、必要であれば能動的
に経営を改善してください。

　また、大きな設備投資をする際に、必要資金を融資で調達する計画であ
れば、

③この設備投資は、自社の体力と比べて適正か、背伸びしすぎていないか

　これを社内で十分に検討してください。

52 粉飾決算を疑う

▶ 粉飾決算の仕組み

　粉飾決算とは、貸借対照表や損益計算書などの数値を改ざんして、会社の財務状況を実際よりもよく見せることです。

　ちなみに、納税額を減らすために、会社の財務状況を実際よりも悪く見せることを「逆粉飾決算」と言います。

　改ざんして、赤字を黒字にしたり利益額を増やせば、税金を多く支払うことになりますが、それでも粉飾決算を行う理由は、金融機関から円滑に融資を受けるため、あるいは公共工事の入札の審査を有利にするためです。

　粉飾決算の仕組みは、貸借対照表で説明すると明快です。

①（価値の）無い資産を、（価値が）あるものとして計上する
②本当はある負債を無いものとして計上しない

　この2つです。

　そして、①または②の操作の結果、次ページの図表のように**純資産の利益剰余金が、「バランスの調整弁」として水増しされるわけです。**

　①のような、「売掛金」「商品在庫」「原材料在庫」などの資産の架空計上や、②のような、「買掛金」「借入金」「未払金」などの負債の隠ぺいによって、粉飾決算は行われます。

　金融機関側も常に「疑いの目」を持って決算書類等を精査しており、必要に応じて在庫を実査することもあります。

　粉飾は、いつか必ずバレます。粉飾の先には「倒産」しかありません。

　もし、万が一粉飾していたら「倒産」の道を突き進まず、正直に修正することを強くお勧めします。

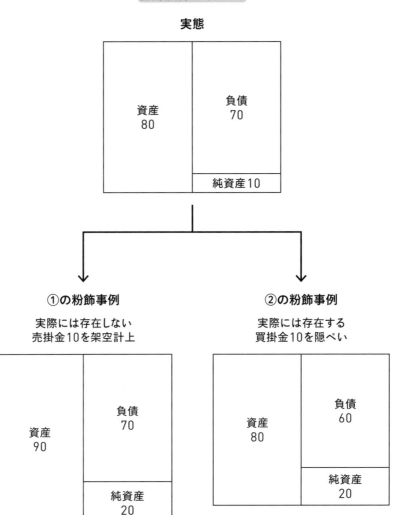

粉飾決算のイメージ

実態

資産 80	負債 70
	純資産10

①の粉飾事例

実際には存在しない
売掛金10を架空計上

資産 90	負債 70
	純資産 20

②の粉飾事例

実際には存在する
買掛金10を隠ぺい

資産 80	負債 60
	純資産 20

➤ 悪意なき粉飾決算

経営者にとって怖いのは、むしろ嘘ではない粉飾、悪意なき粉飾です。
①と②の具体例を示します。

① 在庫の過大計上
・担当者Aは、月1回、段ボール箱の箱数で在庫数を報告していた。
・箱数は、「縦×横×奥行」で計算していたが、最上段の奥側の死角には
　段ボールが置かれていなかった。
・担当者Aはそのことに気づかず計算し、管理者によるダブルチェックも
　なかった。
・その結果、在庫数の相違に2年間気づかず、2期にわたって在庫を過大計
　上していた。

② 買掛金の計上もれ
・担当者Bは大口受注に対応するため、いつもの仕入先に原材料を発注し
　た。
・本来は本社経理部から発注するルールであったが、急な大口受注で経理
　責任者は出張で不在だった。
・そこでベテラン担当者Bは、気を利かせたつもりで顔なじみの仕入先に
　電話で発注した。
・担当者Bは翌日に経理部に報告するつもりだったが、大口受注分のフル
　生産で忙しく、報告を失念した。
・仕入先から請求書が到着して、買掛金の計上もれに気づき、前月にさか
　のぼって月次損益を修正した。

　2つの事例とも、悪意がなくても結果的に粉飾したことになります。
　結果的に粉飾したことに気づかずに、実態とは異なる、誤った現状認識
に基づいて経営戦略を策定したら、誤った経営戦略ができあがり、誤った

方向に会社を導いてしまうかもしれません。

　そのようなことのないよう、主要な勘定科目の数字を定期的に確認する必要があるのです。

　確認方法等については、チャプター6で解説します。

53 実態バランスシートで 真の実力を把握する

▶ 実態バランスシートに補正する

貸借対照表には、会社が設立されてから現在までの「資産」「負債」「純資産」の状況が蓄積されています。

そして年月を重ねるにつれ、会社の実力・実態と少しずつカイリしていくのです。

そこで、金融機関は提出された貸借対照表を、会社の真の実力を示す「実態バランスシート」に補正します。

金融機関は提出された貸借対照表を無条件に受け入れるのではなく、会社の実力・実態とのカイリを埋める補正を行っているのです。

具体的には、次ページの表のとおり、勘定科目ごとに補正をかけていきます。

この勘定科目ごとの補正を踏まえ、社長がぜひ知っておきたいポイントを3つお伝えします。

▶ ポイント① 在庫確認と金融機関による実査

在庫確認は、担当者・部署任せにせず、最低でも年1回は経営幹部が帯同して、在庫の数量や保管の環境を確認してください。

そして、自社の在庫管理に自信を持てるようになったら、ぜひ在庫を保管している倉庫を金融機関の担当者に実査してもらってください。金融機関の担当者に、自社を知ってもらう大きなチャンスです。

「当社の在庫を見てください」と言われた金融機関の担当者は、「自社商品そのもの、あるいは商品管理に自信を持っている会社」「隠し事のない公明正大な会社」という印象を持ってくれるでしょう。

また、金融機関の担当者が自社の商品を実際に見て、手に取り、その特

「実態バランスシート」への補正方法

資産の部		
売掛金		● 前々期・前期からの金額の推移を確認し、金額が増加していたら理由を確認し、その中に信用不安の取引先が含まれていたら、不良資産としてマイナスします。 ● 「勘定科目内訳明細書」などを確認し、数年間にわたり連続して計上されている取引先の売掛金があれば、回収不能と判断し、不良資産としてマイナスします。 ● 業界／地域内で倒産情報や信用不安情報が出たら、該当先の売掛金が含まれているかを確認し、含まれていれば不良資産としてマイナスします。
在庫		● 前々期、前期からの金額の推移を確認し、不自然に金額が増加していたら理由を確認し、陳腐化や破損の在庫が含まれていた場合は、不良資産としてマイナスします。 ● 金額増加の理由が判然としない場合には、保管場所の実査を要請することもあります。
仮払金		● 仮払金を立てた理由を確認し、本来費用として計上すべきところ、仮払金で資産計上している場合にはマイナスします。
貸付金		● 貸付先を確認し、回収の可能性が低いと判断したら、不良資産としてマイナスします。 ● 特に社長一族への貸付は「ある時払いの催促なし」なので、不良資産としてマイナスします。
建物等		● 減価償却の不足があれば、その分をマイナスします。
土地		● 貸借対照表には「取得価額」で計上されています。現時点で売却した場合の価額（時価）と比較し、含み損はマイナス、含み益はプラスします。

負債の部		
買掛金		● 前々期、前期からの金額の推移を確認し、金額が減少していたら理由を確認し、買掛金計上もれを確認します。

徴や優位性を知れば、彼らが作成する融資の審査書類は説得力のある力強いものになること間違いありません。

▶ ポイント② 含み益のある土地

土地は、貸借対照表には「取得価額」で計上されているので、実態バランスシートでは含み損はマイナス補正、含み益はプラス補正されます。

しかし、金融機関も万能ではありませんから、自社所有地の含み益を認識していないこともあり得ます。

自社の所有する土地に含み益がある場合は、決算説明等の場で上手にアピールしましょう。

なお、言わずもがなですが、自社所有地に含み損がある場合には、わざわざ説明する必要はありません。

▶ ポイント③ 資産の評価替え

例えば、自社所有地の取得価額が3億円、時価が1億円の場合、含み損は2億円となります。

金融機関が実態バランスシートで土地の価額を3億円から1億円にマイナス補正するのと同様に、会社自らが「土地価額1億円、評価損2億円」という決算処理はできないのでしょうか？

答えはNo！　です。理由は、法人税逃れを防止するためです。

上記の例で、この会社が当期絶好調で過去最高の2億円の所得を上げたとすると、2億円に対して法人税が課されます。

2億円という大きな所得を上げた期に合わせて、所有地の評価を3億円から1億円に減額できれば、評価損△2億円で所得はゼロ、法人税もゼロになってしまいます。

このような**法人税逃れを防止するために、会社都合の安易な資産の評価替えは禁じられている**のです。

また、在庫等、土地以外の資産の評価損計上を検討する場合は、顧問税理士と十分に相談し、顧問税理士の指示にしたがってください。

ちなみに、国税庁のホームページで棚卸資産の評価損を検索すると、次のような記載があります。

　《評価損の計上ができる著しい陳腐化》に規定する「当該資産が著しく陳腐化したこと」とは、棚卸資産そのものには物質的な欠陥がないにもかかわらず経済的な環境の変化に伴ってその価値が著しく減少し、その価額が今後回復しないと認められる状態にあることをいうのであるから、例えば商品について次のような事実が生じた場合がこれに該当する。

（1）いわゆる季節商品で売れ残ったものについて、今後通常の価額では販売することができないことが既往の実績その他の事情に照らして明らかであること。
（2）当該商品と用途の面ではおおむね同様のものであるが、型式、性能、品質等が著しく異なる新製品が発売されたことにより、当該商品につき今後通常の方法により販売することができないようになったこと。

　《棚卸資産の評価損の計上ができる事実》には、例えば、破損、型崩れ、たなざらし、品質変化等により通常の方法によって販売することができないようになったことが含まれる。
　棚卸資産の時価が単に物価変動、過剰生産、建値の変更等の事情によって低下しただけでは、《棚卸資産の評価損の計上ができる事実》に掲げる事実に該当しないことに留意する。

出典：国税庁ホームページ 第2款 棚卸資産の評価損
https://www.nta.go.jp/law/tsutatsu/kihon/renketsu/08/08_01_02.htm より抜粋

これを読むと、資産の評価損計上については、くれぐれも慎重に対応すべきと気が引き締まります。

　一方、当該資産を売却すれば、取得価額と売却額の差額を売却益または売却損として計上できます。

54 | 法人税申告書の別表を確認する

▶ 法人税申告書の別表は情報の宝庫

　金融機関は、財務会計書類である貸借対照表・損益計算書等の提出を依頼する際、「表紙に税務署の収受印が押してある法人税申告書全体の原本を提出してください。当方でコピーしますので……」と言います（※）。

※ 現在では、電子申告が普及していますが、電子申告の場合、受信通知の受付日時・受付番号等が税務署の収受印に相当しますので、受信通知をプリントアウトしておいてください。

　理由は明快です。

　貸借対照表・損益計算書等の付属書類である「別表」と「勘定科目内訳明細書」は、金融機関にとって情報の宝庫だからです。特に「別表」は、粉飾決算を見破る情報の宝庫です。

　「勘定科目内訳明細書」は文字どおり、勘定科目の内訳が記載してありわかりやすいものですが、「別表」は何が書いてあるかわかりづらいものですので、金融機関が別表の何を見ているのかを解説します。

　社長は、自社の別表を見ながら、確認してください。

▶ 別表2で株主構成を確認

　別表2は「同族会社等の判定に関する明細書」といい、主要株主と株主数が記載されています。

　社長個人が1人で100％所有しているのか、社長の親族を含めて100％所有しているのかなどを確認します。

　社長の親族以外の株主がいれば、社長との関係を確認します。

　本書では詳細な説明を省きますが、社長個人あるいは社長親族含めて、3分の2超（特別決議の決定権）、または2分の1超（普通決議の決定権）を有していると、社長主導の経営を行うことができます。

▶ 別表4で当期利益額と所得算出プロセスを確認

別表4は「所得の金額の計算に関する明細書」と言います。

損益計算書の当期純利益を出発点として、加算項目の益金算入・損金不算入、減算項目の益金不算入・損金算入の調整を行って、所得金額を計算していきます。

- ・益金算入 ……… 財務会計上は収益でないが、税務会計上は益金に算入する調整のこと
- ・損金不算入 …… 財務会計上は費用であるが、税務会計上は損金に算入しない調整のこと
- ・益金不算入 …… 財務会計上は収益であるが、税務会計上は益金に算入しない調整のこと
- ・損金算入 ……… 財務会計上は費用でないが、税務会計上は損金に算入する調整のこと

別表4の調整の出発点に記載された、「当期純利益額」と「損益計算書の当期純利益額」が一致していることを確認します。

また、加算・減算の調整があれば、内容を確認します。

▶ 別表5(1)で純資産額を確認

別表5(1)は「利益積立金額及び資本金等の額の計算に関する明細書」と言います。

一番右の列の「翌期首の利益積立金額」と、貸借対照表の「純資産の部」の利益剰余金の各項目が一致していることを確認します。

▶ 別表5(2)で納税状況を確認

別表5(2)は「租税公課の納付状況等に関する明細書」と言います。

一番左の列「税目及び事業年度」の事業年度が、前年度だけであるか否かを確認します。

例えば、当年度が「令和3.4.1～令和4.3.31」の場合、「税目及び事業年

度」に記載されている事業年度が前年度「令和2.4.1〜令和3.3.31」だけか、あるいは、それより前の事業年度も記載されているかを確認します。

そして、前年度だけの場合は「期首現在の未納税額」（表の①列）が、当期中に納付され（③〜⑤列）、「期末現在未納税額」（⑥列）が0になっていることを確認します。

また、前年度よりも前の事業年度の記載がある場合、当年度の期首の時点で税金を滞納していたと考えられますので、会社に対して事情を確認し、場合によって納税証明書の提出を求めます。

税金の滞納が解消されていない場合、金融機関から融資を受けることは困難です。

▶ 別表7で繰越欠損金を確認

別表7は「欠損金又は災害損失金の損金算入等に関する明細書」と言います。「繰越欠損金」の発生・使用状況について確認します。

繰越欠損金については、191ページ（項目44）で解説しましたので、ここでの説明は省略します。

▶ 別表16で減価償却不足がないかを確認

別表16は「減価償却資産の償却額の計算に関する明細書」と言います。
別表16の下の方の「償却不足額」欄に数字が入っていないことを確認します。
「償却不足額」欄に数字が入っていれば、償却不足ですので、会社に対して事情を確認します。

税務会計においては、償却限度額を超えて減価償却費を計上しても超過部分の金額を「損金不算入」とすれば問題ありませんし、減価償却費の計上額は任意であることから、減価償却不足は認められます。

しかしながら、財務会計においては、中小企業が金融機関から融資を受けやすくするために、業績の好不調にかかわらず、毎期、償却限度額と同額の償却をすることをお勧めします。

「約束を守る社長は？」と聞かれて
真っ先に思い出す人

　私の銀行員時代の出会いの中で、「約束を守る社長は？」と聞かれて、真っ先に思い出すのは、広告・デザイン業を営むJ社のK社長です。

　当時、私は、「過去に融資を受けていたけれど、すでに全額を返済し終えた会社」（社内用語で「解消先」という）を訪問し、再度、お金を借りていただくという営業活動をしていました。J社への訪問はアポイントなしでしたが、K社長は快く、私との面談に応じてくれました。以下、K社長と私の会話です。

K社長　「浜銀のIさんが当社を担当してくれて融資を受けてから、もう8年になるんだね。時間が経つのは早いな。金額は500万円だったけど創業間もない時期で助かったよ。今、Iさんはどこにいるの？」

私　「H支店で活躍してますよ」

K社長　「500万円の融資を5年間で返済し終えてから、もう3年が経つんですね。仕事はまずまず順調に行ってますけど、融資の取引が切れちゃっているのも何だから、貸してくれるならまた借りてもいいですよ」

私　「ありがとうございます。次回、○○日に伺いますので、決算書と試算表をご用意ください」

K社長　「あっそうそう。融資の取引は切れちゃってたけど、積立定期預金は続けてるよ。500万円借りた時に、Iさんが『J社の将来のために、毎月の返済額と同額の積立定期預金を積み立てる努力をしてください』って言ったんだ。まだ、仕事が安定してなかったから、普通預金からの定額自動振替は難しいので、毎月、経費の振り込みで銀行の窓口に行くついでに、隣の機械（ATM）で入金しているんだ」

　そう言うと、K社長は、積立定期預金の通帳を机の引き出しから出してきて、私に手渡してくれました。その通帳には10万円、12万円、6万円……と、約8年、毎月欠かさず、約100行、100か月分の不規則な積立金額が印刷されていました。そして、一度も払い戻しがなく、残高は1000万円近かったです。

　これが「約束を守る」ということです。K社長にしかできない「約束を守る」ということです。私は、その時の自分にできる精一杯の融資を最短で行いました。

経営実態の
定期点検と
経営戦略の立案

Chapter **6**

55 最重要経営指標を毎日チェックし、速やかに異変を察知する

▶ 最重要経営指標を毎日チェック

項目01で、「ギリギリの資金繰りで経営するのは、ガソリンのエンプティーランプがついた状態で自動車を運転し続けるようなもの」と述べました。

私も経験がありますが、エンプティーランプがつくと、ガソリンスタンドを見つけて到着するまで気が気ではありません。

しかし、いつも余裕をもって給油していれば、安心して運転でき、ガソリンメーターを見続ける必要はありません。

安全運転のためにはむしろ、スピードメーターやエンジン温度計などの計器を頻繁にチェックする必要があります。

会社の経営も同様で、資金繰りに余裕があれば、預金残高のチェックは月1回で十分です。そのかわり、毎日でも点検したほうがよい項目があります。

毎日でも点検すべきなのはどのような項目かについては、業界・業種や、社長の考え方によって異なると思います。

そこで、参考までに私が社長を務める共同冷蔵㈱において、毎日チェックしている項目とチェックの方法をお伝えします。

▶ 共同冷蔵㈱では「庫腹量」「電力使用量」を毎日チェック

冷蔵倉庫業の主な収益は、お客さまからお預かりする荷物の「保管料」です。

したがって、保管料の計算基礎である「庫腹量」(保管荷物量の業界用

語）を毎日チェックしています。

　また、冷蔵倉庫業は冷蔵倉庫内を冷やし続けるために、日々莫大な電力を使用しています。

　電力使用量に影響を与える主な要因は、①外気温の高低、②新たに入庫した荷物の状態（凍結品か常温品か）、③入出庫回数（防熱扉を開けている時間）です。

　電力使用量が通常より多くても少なくても、原因が明らかであれば問題ないのですが、原因が不明の場合は冷凍機器の故障等の可能性があります。

　万が一、冷凍機器が故障しているのであれば、一刻も早く修理しなければならず、そのためにも「電力使用量」を毎日チェックしています。

　それではまず、「庫腹量」のチェック方法について述べます。今期の業況を把握するために、「日々の推移」を見ています。好不調を判断する比較対象は「自社の過年度の実績」です。

　また、エクセルに蓄積した数値をグラフ化して、一目見て状況を把握できるようにしています(再掲)。

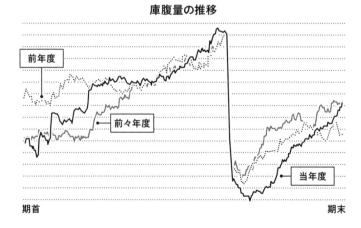

共同冷蔵㈱庫腹量の推移サンプル

庫腹量の推移

前年度

前々年度

当年度

期首　　　　　　　　　　　　　　　　　　　期末

次に、「電力使用量」のチェック方法について述べます。

電力使用量は、外気温の高低に最も影響を受けるので、月単位で「日々の推移」を見ています。

好不調を判断する比較対象は「自社の過年同月の月次平均値」です。

また、下記のようにエクセルに蓄積した数値をグラフ化して、一目見て状況を把握できるようにしています。

共同冷蔵㈱の電力使用量の推移サンプル

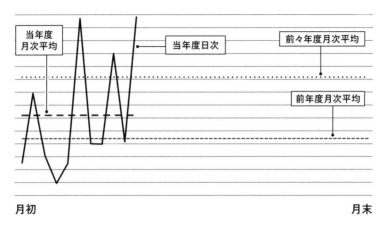

以上、共同冷蔵㈱の最重要項目である「庫腹量」と「電力使用量」の毎日のチェック方法を示しました。

ポイントは以下の2点です。

① 視覚的にわかりやすくするため、グラフで表示
② 比較するのは、自社の過去の実績値

みなさんの会社における最重要経営指標を、ぜひこのような方法で毎日チェックしてください。

56 残高試算表を月一回チェックし、損益状況を把握する

▶ 社長の最重要業務

　一般的に中小企業は、顧問税理士に月次で残高試算表を作ってもらっています。

　月初に残高試算表が出てきたら、社長は最優先で自社の損益状況を把握してください。

　月次の損益状況の把握は、社長がやるべき最重要業務です。

　毎月10日までには、前月までの損益状況を把握できるよう業務フローをつくり上げてください。

▶ ケーススタディーで学ぶ

　月次損益の把握のプロセスを、ケーススタディーを用いて説明します。

　手間はかかりますが、出てくる図表のケーススタディーの数値を実際にエクセルファイルに入力して、同じ表とグラフを作ることをお勧めします。

ケーススタディーの概要

会社名	株式会社保冷剤デリバリー
業務内容	同一地域内の小売店・土産店・菓子店などに保冷剤を販売
業歴	現在第6期
決算日	3月31日

▶ 前期（第5期）の実績確認

　残高試算表は、一般的に毎月作成され、期初月から前月までの累積値が計上されます。

例えば、5月上旬に提出される4月の残高試算表は、4月の1か月が経過した時点、8月上旬に提出される7月の残高試算表は4〜7月の4か月が経過した時点の数値となります。

下記の表は、第5期の各月に提出された残高試算表の数値を提出の都度、計12回、12か月分を入力したものです。

㈱保冷剤デリバリー 第5期 月次累積実績

金額単位：千円

月	4月	5月	6月	7月	8月	9月
経過月数	1か月	2か月	3か月	4か月	5か月	6か月
売上高	2,600	5,720	9,100	14,300	22,100	28,600
売上原価	1,560	3,432	5,460	8,580	13,260	17,160
売上総利益	1,040	2,288	3,640	5,720	8,840	11,440
販売管理費	1,240	2,480	3,720	5,148	6,637	8,002
減価償却費	40	80	120	160	200	240
賃料	200	400	600	800	1,000	1,200
人件費	1,000	2,000	3,000	4,188	5,437	6,562
営業利益	△200	△192	△80	572	2,203	3,438
支払利息	8	16	24	32	40	48
経常利益	△208	△208	△104	540	2,163	3,390

月	10月	11月	12月	1月	2月	3月
経過月数	7か月	8か月	9か月	10か月	11か月	12か月
売上高	31,720	34,580	37,180	39,000	40,300	42,380
売上原価	19,032	20,748	22,308	23,400	24,180	25,428
売上総利益	12,688	13,832	14,872	15,600	16,120	16,952
販売管理費	9,242	10,482	11,722	12,962	14,202	15,442
減価償却費	280	320	360	400	440	480
賃料	1,400	1,600	1,800	2,000	2,200	2,400
人件費	7,562	8,562	9,562	10,562	11,562	12,562
営業利益	3,446	3,350	3,150	2,638	1,918	1,510
支払利息	56	64	72	80	88	96
経常利益	3,390	3,286	3,078	2,558	1,830	1,414

また、次に記載した表は、248ページの表の月次累積の値から、各月の値を計算したものです。

例えば、248ページの表の6月までの売上高「9,100」から、5月までの売上高「5,720」を減じた数値「3,380」が、6月の単月の売上高です。

㈱保冷剤デリバリー 第5期 月次実績

金額単位：千円

月	4月	5月	6月	7月	8月	9月
売上高	2,600	3,120	3,380	5,200	7,800	6,500
売上原価	1,560	1,872	2,028	3,120	4,680	3,900
売上総利益	1,040	1,248	1,352	2,080	3,120	2,600
販売管理費	1,240	1,240	1,240	1,428	1,489	1,365
減価償却費	40	40	40	40	40	40
賃料	200	200	200	200	200	200
人件費	1,000	1,000	1,000	1,188	1,249	1,125
営業利益	△200	8	112	652	1,631	1,235
支払利息	8	8	8	8	8	8
経常利益	△208	0	104	644	1,623	1,227

月	10月	11月	12月	1月	2月	3月	合計
売上高	3,120	2,860	2,600	1,820	1,300	2,080	42,380
売上原価	1,872	1,716	1,560	1,092	780	1,248	25,428
売上総利益	1,248	1,144	1,040	728	520	832	16,952
販売管理費	1,240	1,240	1,240	1,240	1,240	1,240	15,442
減価償却費	40	40	40	40	40	40	480
賃料	200	200	200	200	200	200	2,400
人件費	1,000	1,000	1,000	1,000	1,000	1,000	12,562
営業利益	8	△96	△200	△512	△720	△408	1,510
支払利息	8	8	8	8	8	8	96
経常利益	0	△104	△208	△520	△728	△416	1,414

▶ 表のグラフ化

　表の数字の羅列では実態を把握しづらいので、248ページ、249ページの表をグラフ化します。

　ここでは、売上高と経常利益について、月次と月次累積の実績を棒グラフで示します（もし社長が売上高と経常利益以外のデータについても月次で管理したいと考えるなら、それらのグラフも作成しましょう）。

　売上高が次ページの上グラフ、経常利益が次ページの下グラフです。

　本書では、エクセルのグラフ作成については解説を省きますが、慣れれば簡単に作成できます。

　表よりもグラフの方が絶対よいです。ぜひ挑戦してください。

　なお、248、249ページの表では、まず248ページの「月次累積」データがあり、月次累積データから249ページの「月次」データを算出しましたが、棒グラフは、「月次」「月次累積」の順に表示しますので注意してください

　㈱保冷剤デリバリーは、保冷剤の販売を業務としており、売上高の季節変動が大きく、経常利益を見ると7月〜9月の3か月で大きな利益を計上し、他の月は収支トントンか赤字、という状況があぶり出されます。

　夏季以外の売上を伸ばす方策、例えば、12月に大量のクリスマスケーキを販売する洋菓子店との取引開始などが期待されます。

▶ 当期(第6期)の途中経過の実績確認

　第6期において、例えば8月上旬に7月までの残高試算表を入手したとします。

　252ページのエクセルの表には、すでに6月分までの数値は入力されており、新たに7月の数値を入力します。

㈱保冷剤デリバリー 第5期 売上高のグラフ

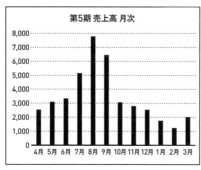

第5期 売上高 月次

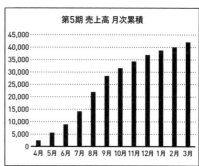

第5期 売上高 月次累積

㈱保冷剤デリバリー 第5期 経常利益のグラフ

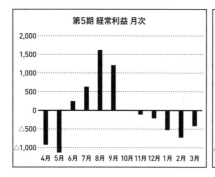

第5期 経常利益 月次

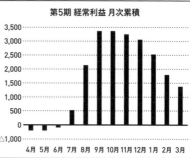

第5期 経常利益 月次累積

㈱保冷剤デリバリー 第6期 月次累積実績（4～7月）

金額単位：千円

月	4月	5月	6月	7月	8月	9月
経過月数	1か月	2か月	3か月	4か月	5か月	6か月
売上高	2,730	6,474	10,192	16,952		
売上原価	1,638	3,884	6,115	10,171		
売上総利益	1,092	2,590	4,077	6,781		
販売管理費	1,290	2,730	4,070	5,854		
減価償却費	40	80	120	160		
賃料	200	400	600	800		
人件費	1,050	2,250	3,350	4,894		
営業利益	△198	△140	7	927		
支払利息	7	14	21	28		
経常利益	△205	△154	△14	899		

上記から、各月の実績を示す下記の表を作成します。

㈱保冷剤デリバリー 第6期 月次実績（4～7月）

金額単位：千円

月	4月	5月	6月	7月		合計
売上高	2,730	3,744	3,718	6,760		16,952
売上原価	1,638	2,246	2,231	4,056		10,171
売上総利益	1,092	1,498	1,487	2,704		6,781
販売管理費	1,290	1,440	1,340	1,784		5,854
減価償却費	40	40	40	40	…………	160
賃料	200	200	200	200		800
人件費	1,050	1,200	1,100	1,544		4,894
営業利益	△198	58	147	920		927
支払利息	7	7	7	7		28
経常利益	△205	51	140	913		899

表の数字の羅列では実態を把握しづらいので、252ページで作成した表の売上高と経常利益について、月次と月次累積の実績を棒グラフで示します。

㈱保冷剤デリバリー 第6期 売上グラフ（第5期対比）

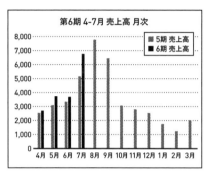

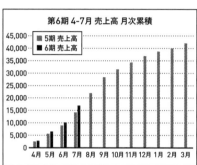

㈱保冷剤デリバリー 第6期 経常利益グラフ（第5期対比）

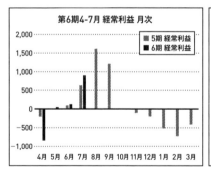

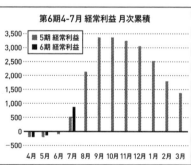

　第6期は、第5期と比べて、7月の売上高が好調です。

　第5期の7月は冷夏でしたが、第6期の7月は猛暑でしたので、売上が好調だったことが見てとれます。

このように、残高試算表が締まったところで、速やかに月次及び月次累積の売上高と損益の状況を把握することが大切です。

▶ 当期の実績の好不調は何と比較して判断するか

中小企業でも、時間をかけて予算を策定する会社があり、それらの会社においては予算と比較するのが通常かと思いますが、私は「自社の前期以前の実績」と比較するのがよいと考えます。

理由は次の2点です。

1点目。中小企業は人的資源に制約があり、予算の策定に全社的に時間をかけるよりも、売上高を増やすための営業活動や業務改善活動などに時間をかけるべきだから（ただし、ザックリとした売上高と利益の計画は、社長自らが立てる）。

2点目。昨今の経営環境は変化が激しく、予算策定時点のさまざまな前提条件が期中に大幅に変わってしまい、予算と比較する意味が少なくなっているから。

▶ 当期（第6期）終了時点の実績の確認

前述のとおり、毎月1回、社長自らが損益の状況を確認する習慣をつけてください。

最終的に12か月が経過したら、過去12か月の推移を前期以前と比較し、翌期に向けて戦略を練ります。

次ページの表は、第6期の月次累積の実績、256ページの表は、第6期の月次の実績です。

また、257ページには売上高、経常利益を、月次と月次累積でグラフ化したものを載せています。

これらの棒グラフを見ながら、翌期に向けてどのような戦略を立てるかについて、社員を巻き込んで社内で熱い議論をしてください。

㈱保冷剤デリバリー 第6期 月次累積実績

金額単位：千円

月	4月	5月	6月	7月	8月	9月
経過月数	1か月	2か月	3か月	4か月	5か月	6か月
売上高	2,730	6,474	10,192	16,952	25,922	32,747
売上原価	1,638	3,884	6,115	10,171	15,553	19,648
売上総利益	1,092	2,590	4,077	6,781	10,369	13,099
販売管理費	1,290	2,730	4,070	5,854	7,531	8,952
減価償却費	40	80	120	160	200	240
賃料	200	400	600	800	1,000	1,200
人件費	1,050	2,250	3,350	4,894	6,331	7,512
営業利益	△198	△140	7	927	2,838	4,147
支払利息	7	14	21	28	35	42
経常利益	△205	△154	△14	899	2,803	4,105

月	10月	11月	12月	1月	2月	3月
経過月数	7か月	8か月	9か月	10か月	11か月	12か月
売上高	36,491	39,637	42,757	44,577	46,007	48,087
売上原価	21,894	23,782	25,654	26,746	27,604	28,852
売上総利益	14,597	15,855	17,103	17,831	18,403	19,235
販売管理費	10,392	11,732	13,172	14,412	15,752	16,992
減価償却費	280	320	360	400	440	480
賃料	1,400	1,600	1,800	2,000	2,200	2,400
人件費	8,712	9,812	11,012	12,012	13,112	14,112
営業利益	4,205	4,123	3,931	3,419	2,651	2,243
支払利息	49	56	63	70	77	84
経常利益	4,156	4,067	3,868	3,349	2,574	2,159

㈱保冷剤デリバリー 第6期 月次実績

金額単位：千円

月	4月	5月	6月	7月	8月	9月
売上高	2,730	3,744	3,718	6,760	8,970	6,825
売上原価	1,638	2,246	2,231	4,056	5,382	4,095
売上総利益	1,092	1,498	1,487	2,704	3,588	2,730
販売管理費	1,290	1,440	1,340	1,784	1,677	1,421
減価償却費	40	40	40	40	40	40
賃料	200	200	200	200	200	200
人件費	1,050	1,200	1,100	1,544	1,437	1,181
営業利益	△198	58	147	920	1,911	1,309
支払利息	7	7	7	7	7	7
経常利益	△205	51	140	913	1,904	1,302

月	10月	11月	12月	1月	2月	3月	合計
売上高	3,744	3,146	3,120	1,820	1,430	2,080	48,087
売上原価	2,246	1,888	1,872	1,092	858	1,248	28,852
売上総利益	1,498	1,258	1,248	728	572	832	19,235
販売管理費	1,440	1,340	1,440	1,240	1,340	1,240	16,992
減価償却費	40	40	40	40	40	40	480
賃料	200	200	200	200	200	200	2,400
人件費	1,200	1,100	1,200	1,000	1,100	1,000	14,112
営業利益	58	△82	△192	△512	△768	△408	2,243
支払利息	7	7	7	7	7	7	84
経常利益	51	△89	△199	△519	△775	△415	2,159

㈱保冷剤デリバリー 第6期 売上高グラフ（第5期対比）

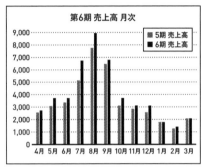

第6期 売上高 月次

- 5期 売上高
- 6期 売上高

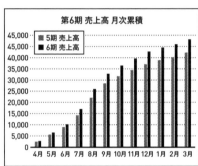

第6期 売上高 月次累積

- 5期 売上高
- 6期 売上高

㈱保冷剤デリバリー 第6期 経常利益グラフ（第5期対比）

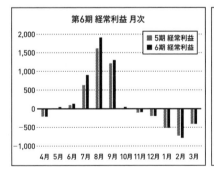

第6期 経常利益 月次

- 5期 経常利益
- 6期 経常利益

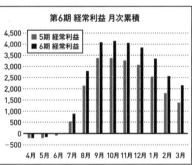

第6期 経常利益 月次累積

- 5期 経常利益
- 6期 経常利益

57　残高試算表を月一回チェックし、資産・負債状況を確認する

▶ 社長の最重要業務その2

　前項目では、社長がやるべき最重要業務として、残高試算表を使った月次の損益状況の把握について解説しました。

　ここでは、社長がやるべき最重要業務の2つ目として、残高試算表を使った月次の資産・負債状況の確認について解説します。

　損益状況の把握と資産・負債状況の確認は、各々独立した業務ではなく密接不可分であり、同時にセットで行う業務です。

　<u>確認する資産・負債項目は、①在庫、②買掛金、③売掛金、④実質借入金残高</u>です。

① 在庫の確認

　在庫の管理がいい加減ということは、「売上総利益」の管理がいい加減であり、ひいては経営全般がいい加減であると161ページ（項目39）でお伝えしました。

　経営状態を正しく把握するためには、月1回、商品・原材料等の在庫の確認を厳正に行い、月次試算表を精緻に作成する必要があります。

　だからと言って、「社長自らが倉庫に出向いて在庫を数えなさい」と言っているわけではありません。

　社長の仕事は、残高試算表の数値の異変から、在庫の計上相違を見抜くことです。社長席に、4月上旬に3月までを締めた月次損益状況（次ページ上の表）が上がってきたとします。

　ちなみに、正しい月次損益状況は次ページ下の表（再掲）です。

　259ページ上の表の3月の数値を見ると、<u>売上高2,080千円と比較して、</u>

㈱保冷剤デリバリー 第6期 月次実績

金額単位：千円

月	4月		1月	2月	3月
売上高 ①	2,730		1,820	1,430	2,080
売上原価 ②	1,638		1,092	858	248
売上総利益 ③＝①－②	1,092		728	572	1,832
販売管理費	1,290		1,240	1,340	1,240
減価償却費	40	～	40	40	40
賃料	200		200	200	200
人件費	1,050		1,000	1,100	1,000
営業利益	△198		△512	△768	592
支払利息	7		7	7	7
経常利益	△205		△519	△775	585
売上高総利益率 ③／①	40.0%		40.0%	40.0%	88.1%

㈱保冷剤デリバリー 第6期 月次実績（256ページの表を再掲）

金額単位：千円

月	4月		1月	2月	3月
売上高	2,730		1,820	1,430	2,080
売上原価	1,638		1,092	858	1,248
売上総利益	1,092		728	572	832
販売管理費	1,290		1,240	1,340	1,240
減価償却費	40	～	40	40	40
賃料	200		200	200	200
人件費	1,050		1,000	1,100	1,000
営業利益	△198		△512	△768	△408
支払利息	7		7	7	7
経常利益	△205		△519	△775	△415

売上原価が248千円と少ないことに気づきます。

　念のため売上高総利益率を計算すると、例月は40％のところ、3月は88.1％と明らかに異常値です。

　そこで、在庫の再精査を指示したところ、在庫を100万円、過大計上していたことを発見しました。

　　売上総利益＝売上高 － 売上原価
　　　　　　　＝売上高 － （期首在庫＋当期仕入高－期末在庫）
　　　　　　　＝売上高 － 期首在庫－当期仕入高＋期末在庫になります。

　計算式からも、「期末在庫」が本来よりも100万円過大に計上されると、売上総利益が本来よりも100万円多くなることがわかります。

② 買掛金の確認

　買掛金とは「商品や原材料を仕入れたが、いまだ代金を支払っていないもの」です（144ページの図表参照）。

　前記①で、在庫を再精査しても誤りがなかった場合、次に疑うのは買掛金（および仕入高）の計上もれです。

　232ページの具体例②でも述べましたが、商品等を掛けで仕入れた際、買掛金をうっかり計上もれしてしまった可能性があります。

　例えば、商品100万円を掛けで仕入れた際、本来は下記の仕訳記帳が必要です。

| 仕入高 | 1,000,000 | 買掛金 | 1,000,000 |

※172,173ページ
仕訳⑧参照

　商品100万円を掛けで仕入れた際、この仕訳記帳を失念すると、売上総

利益はどうなるでしょうか？

　在庫の過大計上と同様、売上総利益は、正しくは832,000円のところ、誤りの1,832,000円になってしまいます。

　繰り返しお伝えしているとおり、

売上総利益＝売上高 － 　売上原価
　　　　　＝売上高 － （期首在庫＋当期仕入高－期末在庫）
　　　　　＝売上高 － 　期首在庫－当期仕入高＋期末在庫　　です。

　計算式からも、「当期仕入高」が本来よりも100万円過少計上されると、売上総利益が本来よりも100万円多くなることがわかります。

③ 売掛金の確認

　売掛金とは「商品・サービスを販売後、いまだ代金を受け入れていないもの」です（144ページの図表参照）。

　ですから、前月以前に計上した売掛金は、販売先との契約にしたがって、当月以降に自社の指定する預金口座に振り込まれます。

　契約どおりに振り込まれたら、経理責任者は「売掛金の消し込み」という業務を行います。

　「売掛金の消し込み」は、経理責任者の最重要業務の一つです。

　万が一、契約どおりに振り込まれなければ、販売先に連絡して入金を依頼し、依頼しても入金されない場合は回収困難な売上債権として、顧問税理士等に対応を相談する必要があります。

　経理責任者の最重要業務である「売掛金の消し込み」に、社長はどの程度関与していますか？

　もし、関与が不十分であれば、早速「売掛金の消し込み」に使用している計表、消し込みの方法、前月末時点で契約どおりに入金してくれていない取引先、未納期間や未納額等について、経理責任者に確認してください。

　そして、以後、月一回の報告を義務付けてください。

④ 実質借入金残高の確認

22ページ（項目04）では、個人は「無借金」、会社は「実質無借金」が理想の姿であると解説し、また27ページ（項目06）では、借りられるだけ借りるのは「永続可能な会社」になるという目的を実現するための手段に過ぎないと解説しました。

借りられるだけ借りて、手元のお金がたっぷり確保できたら、10年後、30年後、100年後も社会に貢献し続ける健全な会社である続けるために、社長は会社を引っ張っていかなければなりません。

手元のお金がたっぷり確保できたらといって、決して気を緩めたり、無駄遣いをしたりしてはいけません。そのために月1回、実質借入金残高を確認するのです。

実質借入金残高とは、「借入金−現預金」です。おさらいになりますが、

「営業キャッシュフロー」を十分に稼ぎ出し、

⇒その範囲内で将来の営業キャッシュフローを生み出すための投資を行い、

⇒投資の後に残ったお金や新たな借入金で、手元資金はさらに潤沢になり、

⇒資金繰りの憂いなく、安心して本業に打ち込み、

⇒再び「営業キャッシュフロー」を十分に稼ぎ出す……。

このような「キャッシュフローの好循環」が実現すると、会社は健全に発展していきます。

そして、それを最も端的に表す指標が「実質借入金残高」の減少なのです。

58 部門ごとの損益を把握して戦略を立てる

▶ カーナビで目的地にたどり着くがごとく

　このチャプターでは、会社を経営していくうえで、毎日あるいは月1回、欠かさずに確認すべき事項について解説してきました。

　自動車の運転に例えて、ガソリン残量計、スピードメーター、エンジン温度計など、各種の計器類を注視しながら、安全運転してほしいとお伝えしました。

　この項目では、会社の経営方針を策定する際の方法について、部門別の損益分岐点分析を使って解説します。

　自動車の運転に例えるならば、目的地までの道のりを教えてくれる「カーナビ」です。

▶ 部門ごとの損益把握

　194ページから（項目45、46、47）解説した損益分岐点分析では、費用を変動費・固定費に分解し、管理会計の「変動損益計算書」を作成しました。

　変動損益計算書は、全社的な収益と費用の構造を示しています。

　この全社的な「変動損益計算書」を「部門ごと」に細分化し、部門ごとの採算性を明らかにすると、経営方針の策定に多くの示唆を与えてくれます。

　ここで、「部門」について説明します。

　経営戦略とは、利益を増やすための施策を決めたり、有限の経営資源をどう配分するかを決めたりすることです。

　そして、「部門」とは、経営戦略を策定する際の「切り口」です。

自社が取り扱っている商品（サービス）カテゴリーごとに、どうやって利益を増やすか、どの商品（サービス）に力を注ぎ、どの商品（サービス）を縮小・廃止するかを決めるのであれば、「商品（サービス）」が部門となります。

　自社商品（サービス）を販売する拠点が複数ある場合、利益を増やすために、どの拠点を強化し、どの拠点を縮小・廃止するかを決めるのであれば、「拠点」が部門となります。

　自社の主要顧客が複数社ある場合、利益を増やすためにどの顧客との取引を拡大し、どの顧客との取引を縮小とするかを決めるのであれば、「顧客」が部門となります。

▶ 部門ごとの貢献利益の算出

　ここでは、「部門」を「商品」と想定し、商品A・B・Cを取扱っている会社の商品部門ごとの戦略を事例にして説明します。

　キーワードは、「直接固定費」「間接固定費」「貢献利益」です。

　まず、固定費を「直接固定費」と「間接固定費」に区分けします。

　直接固定費とは、売上を計上するために直接的に必要な費用です。

　製造業を例とすると、製造に従事する社員の労務費、品質管理に従事する社員の人件費、設備機械のリース料や減価償却費、工場の賃借料や電力費、製造した商品を販売する営業担当者の人件費などが該当します。

　直接固定費は、仮にその部門を廃止したとすると、理論上は全額削減できる費用です（ただし、実際には人材を配置転換するので、全額ということはありません）。

　間接固定費とは、売上に直接的には紐づかない費用です。

　例えば、経理や総務に従事する社員の人件費、役員報酬、経理・総務部門で使用する事務所の賃借料や各種事務機のリース料などが該当します。

　間接固定費は、仮にある部門を廃止したとしても、削減できない費用です。

部門別の貢献利益とは、各部門の売上高から、各部門の変動費と直接固定費を差し引いた利益です。

　部門別貢献利益
　＝ 部門別売上高 － 部門別変動費 － 部門別直接固定費

　以上の「直接固定費」「間接固定費」「貢献利益」を取り入れ、全社的な「変動損益計算書」を商品A・B・Cごとに細分化した「商品部門ごと変動損益計算書」が次のページの図表です。

商品部門ごと変動損益計算書

〈参考〉 損益計算書 / 管理会計 全社の変動損益計算書

		管理会計 全社の変動損益計算書
10,000,000	売上高	10,000,000
	△変動費	4,000,000
	限界利益	6,000,000
売上原価と販売管理費を合わせて	限界利益率	60%
	△直接固定費	3,000,000
	貢献利益	3,000,000
	貢献利益率	30%
8,000,000	△間接固定費	1,000,000
2,000,000	営業利益	2,000,000

部門ごとに細分化

管理会計 商品部門ごと変動損益計算書

	商品A部門	商品B部門	商品C部門	本部
売上高	5,000,000	3,000,000	2,000,000	
△変動費	2,500,000	1,080,000	420,000	
限界利益	2,500,000	1,920,000	1,580,000	
限界利益率	50%	64%	79%	
△直接固定費	1,500,000	1,000,000	500,000	
貢献利益	1,000,000	920,000	1,080,000	
貢献利益率	20%	31%	54%	
△間接固定費				1,000,000
営業利益	2,000,000			

そして、商品A・B・Cの部門別にそれぞれに損益分岐点グラフを描くと、下図のとおりとなります。

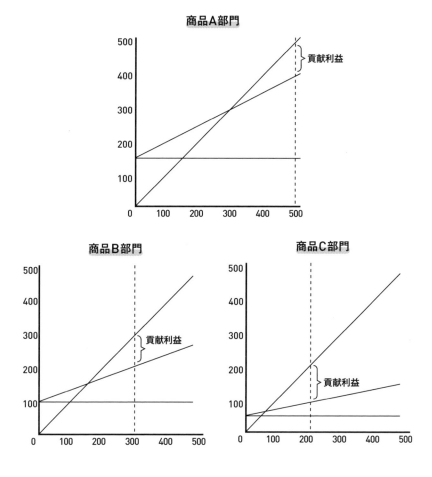

　これらの商品A・B・Cの部門別の損益分岐点グラフをみて、次のような決断をします。

・商品A・B・Cの部門ごとに、売上拡大、固定費削減、変動費削減等、どのような施策を推進するか？
・将来の成長性を考慮して、商品A・B・Cのうち、どの部門に優先的に経営資源を投じていくか？

　136、137ページ（項目33）で述べたとおり、損益分岐点分析は、「管理会計」であり、主観的で自由な会計です。

　厳密で堅苦しい「財務会計」「税務会計」とは違います。

　ぜひ、<u>会社の幹部や若手も巻き込んで、自由闊達な伸び伸びとした社内会議をして、進むべき道を切り拓いてください。</u>

59 「貢献利益」を業績評価に応用する

▶ 「貢献利益」をひとひねり

前項目では、商品カテゴリーA・B・Cの部門ごとの採算性を示す「貢献利益」と「貢献利益率」の考え方、およびその算出方法を解説しました。

商品カテゴリーA・B・Cの部門ごとに統括部長を配置しているような会社の社長であれば、「貢献利益」と「貢献利益率」の改善額（率）で各部門の統括部長の業績を評価できる……と思ったのではないでしょうか。

そのとおり！　貢献利益の概念は業績評価に使えます。

ただし、ひとひねりが必要であり、その「ひとひねり」を解説します。

▶ 管理可能費と管理不能費

前述のとおり、貢献利益を算出するために、固定費を「直接固定費」と「間接固定費」に区分けします。

直接固定費は各部門の製造・品質管理・営業等に従事する社員の人件費や、設備機械の減価償却費、工場の賃借料など、当該部門の売上を上げるために直接的に必要な費用ですので、貢献利益の計算に含めています。

一方、間接固定費は経理や総務に従事する社員の人件費、役員報酬など、各部門の売上に直接的には紐づかない費用ですので、貢献利益の計算から除外しています。

部門別貢献利益
＝ 部門別売上高 － 部門別変動費 － 部門別直接固定費

もし、商品カテゴリーA・B・Cの各部門のうち、商品C部門の貢献利益が大きなマイナスだった場合、会社として商品C部門を廃止するという経営決断は合理的です。

　しかし、これをそのまま商品C部門の統括部長の業績評価に当てはめてよいかというと、答えは「No！」です。

　なぜなら、直接固定費の中には、商品C部門がどんなに努力しても減らせない経費、つまり「管理不能な経費」が含まれているかもしれないからです。

　例えば、商品C部門の貢献利益マイナスの最大の原因が、商品Cを製造する工場の高額な賃借料であり、賃貸借契約の担当が本社総務部である場合、貢献利益マイナスの責任を商品C部門の統括部長に押し付けるのは理不尽です。

　そこで、直接固定費を「管理可能直接固定費」と「管理不能直接固定費」に分解し、「管理可能直接固定費」だけを業績評価に含めるのです。

部門別評価の貢献利益
＝ 部門別売上高 － 部門別変動費 － 部門別管理可能直接固定費

　何を管理可能、何を管理不能とするかは難しい判断ですが、評価の最終責任者である社長が決めてください。

　ここまで解説してきた管理会計における各種の「利益」の体系を、次ページにまとめましたので、参考にしてください。

管理会計の各種「利益」

売上高	変動費		変動費		変動費	
	限界利益	固定費	直接固定費	直接固定費	管理可能直接固定費	管理可能直接固定費
					管理不能直接固定費	業績評価に使う貢献利益
			間接固定費	貢献利益	貢献利益	
		営業利益	営業利益			

195ページ（項目45）　263ページ〜（項目58）　269ページ〜（項目59）

※ 各マス縦線の長さが各項目の多寡を表します

60 「アンゾフの成長マトリクス」で新規事業を開拓する

▶ 新規事業の開拓

すでに存在している複数の業務部門をどのように運営していくかについては、「貢献利益」という概念を使って意思決定します（263ページからの項目58参照）。

会社にとって既存事業の運営は大変重要ですが、会社が永続して成長していくためには、新たな事業分野への進出も必要です。

そこで最後の項目では、<u>新規事業への進出を検討する際に役に立つ「アンゾフの成長マトリクス」</u>について解説します。

▶ 「アンゾフの成長マトリクス」

「アンゾフの成長マトリクス」とは、イゴール・アンゾフ（1918年〜2002年）というロシア系アメリカ人の経営学者が唱えた、新規事業を検討する際に使われるフレームワークです。

アンゾフは次図のとおり、成長戦略を「市場」「商品」と「既存」「新規」の組み合わせで4つに分類しました。

アンゾフの成長マトリクス

		商品	
		既存	新規
市場	既存	①市場浸透戦略	②新商品開発戦略
	新規	③新市場開拓戦略	④多角化戦略

① 市場浸透戦略

1つ目は、「既存市場×既存商品」の市場浸透戦略です。

既存の市場に既存の商品を浸透させて、売上高や市場シェアの拡大を目指す戦略です。

具体的には、商品のモデルチェンジやアフターサービスの向上などの施策が考えられます。

② 新商品開発戦略

2つ目は、「既存市場×新規商品」の新商品開発戦略です。

既存の市場に向けて、新しい商品を投入し、売上高の拡大を目指す戦略です。

自社が熟知している市場において、新たなニーズを発掘し、新たな価値を顧客に提供していく必要があります。

③ 新市場開拓戦略

3つ目は、「新規市場×既存商品」の新市場開拓戦略です。

まったく新しい市場、未開拓の市場に向けて既存の商品を投入して、売上高の大幅アップを目指す戦略です。

既存の市場が供給過多の飽和状態で、期待する売上高・利益を得られな

い場合、起死回生の一手として新しい市場に乗り出します。

　具体的には、既存商品での海外進出、既存顧客とはまったく異なるカテゴリーの顧客へのアプローチなどが挙げられます。

④ 多角化戦略

　4つ目は、「新規市場×新規商品」の多角化戦略です。

　まったく新しい市場、未開拓の市場に向けて、今まで扱ったことのない商品を投入して、新たな売上をつくり出す戦略です。

　これまでの自社の成功体験や、培ってきた企業風土を否定するくらいの覚悟で臨む必要があります。

　ハイリスクですが、ハイリターンが期待できる戦略です。

▶　共同冷蔵㈱の新事業展開

　アンゾフの成長マトリクスを使って新事業を展開した実例として、私が社長を務める共同冷蔵㈱を取り上げます（次ページの図表参照）。

　共同冷蔵㈱は、神奈川県小田原市と足柄上郡大井町の2か所に冷蔵倉庫を持つ会社で、主な顧客は、地場産業である"かまぼこ"や"干物"などの製造・販売会社です。

① 市場浸透戦略

　冷蔵倉庫業の生命線である庫内温度の厳正管理、食品を扱う倉庫としての清潔さの維持・向上、入出庫作業の正確・迅速の追求などによって、冷蔵・冷凍保管の品質向上に努めています。

② 新商品開発戦略

　主な顧客である、かまぼこや干物などの製造・販売会社は、直営店等で自社商品を販売しています。

　販売時には、商品の品質保持のために「保冷剤」を使用するというニーズを見出し、保冷剤の製造・販売を開始しました。

③ 新市場開拓戦略

　共同冷蔵が保管する荷物は、会社設立の経緯から、ほぼ100%「水産品」でしたが、水産業界の好不調による売上高のブレを軽減するため、「農産品」と「畜産品」の取扱業者への営業活動を強化しました。

　その結果、「農産品」と「畜産品」の売上シェアは高まっています。

④ 多角化戦略

　小田原市の本社所在地の観光地化が進んだため、2017年(平成29年)7月、本社の一角に、かき氷店「ひととせの雪」を開業しました。

　また、業務用保冷剤の製造ノウハウを活かし、熱中症対策グッズ「冷えゾウくん」を開発し、2020年（令和2年）7月より、ネットでの販売を開始しました。

共同冷蔵㈱の事業展開

<table>
<tr><td rowspan="2"></td><td rowspan="2"></td><td colspan="2">商品</td></tr>
<tr><td>既存</td><td>新規</td></tr>
<tr><td rowspan="4">市場</td><td rowspan="2">既存</td><td>①市場浸透戦略</td><td>②新商品開発戦略</td></tr>
<tr><td>水産加工会社に良質な
冷蔵保管サービスを提供</td><td>水産加工会社に
業務用の保冷剤を販売</td></tr>
<tr><td rowspan="2">新規</td><td>③新市場開拓戦略</td><td>④多角化戦略</td></tr>
<tr><td>農産品・畜産品の業者に
冷凍保管サービスを提供</td><td>かき氷店「ひととせの雪」
熱中症対策グッズ
「冷えゾウくん」</td></tr>
</table>

全員参加のジグソーパズル

　金融機関は、通帳や払戻請求書などの「現物」の保管と、顧客情報の漏えい防止に多大な注意を払っています。

　ですから、お客さまからお預かりした「現物」が紛失したら一大事です。見つかるまで徹底的に捜します。また、顧客情報の漏えい防止の観点から、金融機関の業務で発生したごみは、すべてシュレッダーにかけます。もうお気づきですか？　このコラムは、シュレッダーにかけてしまった「現物」の復元物語です。

　まず、この物語の前置きとして、金融機関ではシュレッダーごみをすぐには捨てません。1日に大袋で5袋くらい発生するシュレッダーごみを1週間分くらい保管します。また、昔のシュレッダーは「細いうどん」のように細断されたので、復元は比較的容易だったのですが、今のシュレッダーはコマ切れに細断されるので、復元は困難を極めます。それでも復元にトライします。

　さて、ある日の業務終了後、預かり現物をチェックしたところ、お客さまから事前にお預かりした小切手が見当たらないという事象が発生しました。机の中や、机と机の隙間など、捜し尽くしたけれど見つかりません。担当者の記憶は、「朝、現物袋を見た時にはもう無かったような気がする。昨日、誤ってシュレッダーにかけてしまったかもしれない……」

　ここからは、副支店長がリーダーとなり、時間的に応援できる、すべての社員が協力して、以下の作業を行います。

①一番大きな会議室で、机と椅子を片付け、床に新聞紙を敷きつめる。

②昨日のシュレッダーごみ5袋を会議室に持ち込み、一袋ずつ中のごみを出す。

③細断ごみを紙の色・印刷インクの色・印刷された文字や数字などで分類する。

④分類した細断ごみのうち、小切手らしきものについて、ジグソーパズルのように合体を試みる。

⑤1袋目で出てこなければ、2袋目以降、同じことを繰り返す

　気の遠くなるような作業ですが、粘り強く作業すれば、復元率60〜70％を達成できます。この70％復元できた小切手をお客さまのところに持参し、ご了解をいただき、もう一度、小切手を発行していただいて業務完了です。

おわりに

　最後までお読みいただきありがとうございました。

　私は、銀行員と中小企業社長の両方を経験して、さまざまな知識とノウハウを身につけました。

　それらの知識とノウハウは、必ずや、お金を借りる側の中小企業の社長と、お金を貸す側の金融機関のみなさんのお役に立つものと考え、本書を執筆しました。

　執筆した原稿は、何度も読み返し、推敲を重ねました。

　推敲を重ねた原稿はわが子のようにいとおしく、書籍として早く世に送り出したいという思いと、いつまでも手元に置いて微修正を続けたいという思いが交錯しましたが、スケジュールどおり、いとおしき原稿は出版社に巣立っていきました。

　今は、原稿が書籍というカタチになって、多くの方々に手にとっていただけることを待ち望んでいます。

　そして、本書によってお金の借り手と貸し手が相互に理解を深め、中小企業がスムーズに融資を受けて健全に存続していくことを、切に願っています。

　さて、本書の出版に合わせ、本書の内容に関する講演・セミナー・個別コンサルティングをお引き受けすることとしました。

　受験勉強に例えると、本書は参考書です。

　参考書で自習することはもちろん大切ですが、さらに一歩進めて、学習塾に通ったり、家庭教師に習ったりすれば、より一層、理解は深まり、志望校に合格する確率は高まるでしょう。

　よろしければ、ぜひ講演・セミナー（＝学習塾）、個別コンサルティング（＝家庭教師）をお申し込みください。

著者である私自らが責任を持って対応いたします。

本書の内容に関心をお持ちになった中小企業の社長、金融機関の研修の
ご担当者様、各種団体の企画担当者様は、お気軽に下記ホームページから
お問い合わせください。

本書は、私だけの力では到底、出版することはできませんでした。

ネクストサービス株式会社の松尾昭仁社長、大沢治子さまは、商業出版
への道を切り拓いてくださいました。

小田原ロータリークラブの友人である公認会計士・税理士の大田和俊彦
さん、共同冷蔵㈱の顧問である税理士法人オフィスオハナの先生方は、企
業会計に関する貴重なアドバイスをくださいました。

横浜銀行が私を育ててくれました。今の私があるのは、横浜銀行で出
会った、お取引先さま、先輩・同僚・後輩、すべての方々のお陰です。

共同冷蔵㈱のみんな。共冷の二大精神である「助け合い精神」と「やる
時はやるぞ精神」を発揮して会社を盛り上げてくれるみんな。みんなと一
緒に仕事ができて、私は幸せ者です。

このような皆さま方に心から感謝申し上げます。本当にありがとうござ
います。

むすびに、常に私を応援してくれる妻Mにも感謝します。いつもありが
とう。

2023年2月吉日　堀俊一

講演・セミナー、個別コンサルティングのお問い合わせは
右のQRコードからお願いいたします。

堀俊一 お問い合わせホームページ
https://kyodoreizo.co.jp/consul

著者略歴

堀 俊一

1961年神奈川県小田原市生まれ。
慶應義塾大学卒業後、地銀最大手の横浜銀行に入行。
担当者時代は中小企業融資で最優秀の頭取表彰を受賞するなど、トップ営業パーソンとして実績を上げる。
52歳で理事に昇進すると同時に、小田原支店長兼小田原エリア委員長（神奈川県西部地域10支店の統括支店長）に就任。
現在は小田原市の冷蔵倉庫会社、共同冷蔵株式会社の代表取締役社長を務める。

....

資金繰りに困らない！
融資を引き出す60のコツ

2023年3月13日　　第1刷発行

著　者…………堀 俊一
発行者…………徳留 慶太郎
発行所…………株式会社すばる舎
　　　　　　　〒170-0013
　　　　　　　東京都豊島区東池袋3-9-7
　　　　　　　東池袋織本ビル
　　　　　　　TEL　03-3981-8651（代表）
　　　　　　　　　　03-3981-0767（営業部直通）
　　　　　　　FAX　03-3981-8638
　　　　　　　URL　https://www.subarusya.jp/
印　刷…………株式会社光邦